BESTACTIVITYBOOKS.COM

Copyright © 2022 LINGUAS CLASSICS

PRIMERA EDICIÓN - 2022

Ilustración Gráfica Extra: www.freepik.com
Gracias a Alekksall, Starline, Pch.vector, Rawpixel.com,
Vectorpocket, Dgim-studio, Upklyak, Macrovector,
Stockgiu, Pikisuperstar & Freepik.com Designers

Descubra Juegos Gratis Online

Disponibles Aquí:

BestActivityBooks.com/FREEGAMES

5 CONSEJOS PARA EMPEZAR

1) CÓMO RESOLVER LAS SOPA DE LETRAS

Los rompecabezas tienen un formato clásico:

- Las palabras se ocultan sin espacios ni guiones,...
- Orientación: Las palabras pueden escribirse hacia delante, hacia atrás, hacia arriba, hacia abajo o en diagonal (pueden estar invertidas).
- Las palabras pueden superponerse o cruzarse.

2) APRENDIZAJE ACTIVO

Junto a cada palabra hay un espacio para anotar la traducción. Para fomentar un aprendizaje activo, un **DICCIONARIO** al final de esta edición te permitirá comprobar y ampliar tus conocimientos. Busca y anota las traducciones, encuéntralas en el puzzle y añádelas a tu vocabulario!

3) MARCAR LAS PALABRAS

Puedes inventar tu propio sistema de marcado. ¿Quizás ya usas uno? También puedes, por ejemplo, marcar las palabras difíciles de encontrar con una cruz, las que te gustan con una estrella, las nuevas con un triángulo, las raras con un diamante, etc.

4) ESTRUCTURAR EL APRENDIZAJE

Esta edición ofrece un **CUADERNO DE NOTAS** muy práctico al final del libro. En vacaciones, de viaje o en casa, podrás organizar fácilmente tus nuevos conocimientos sin necesidad de un segundo cuaderno!

5) ¿HABÉIS TERMINADO TODAS LAS PARRILLAS?

En las últimas páginas de este libro, en la sección **DESAFÍO FINAL**, encontrarás un juego gratis!

¡Rápido y sencillo! Echa un vistazo a nuestra colección de libros de actividades para tu próximo momento de diversión y aprendizaje, ¡a sólo un clic de distancia!

Encuentre su próximo reto en:

BestActivityBooks.com/MiProximoLibro

En sus marcas, listos, ¡Ya!

¿Sabías que hay unas 7.000 lenguas diferentes en el mundo? Las palabras son preciosas.

Nos encantan los idiomas y hemos trabajado duro para crear libros de la más alta calidad para tí. ¿Nuestros ingredientes?

Una selección de temas adecuados para el aprendizaje, tres buenas porciones de entretenimiento, y luego añadimos una cucharada de palabras difíciles y una pizca de palabras raras. Los servimos con cariño y máxima diversión para que puedas resolver los mejores juegos de palabras y te diviertas aprendiendo!

Tu opinión es esencial. Puedes participar activamente en el éxito de este libro dejándonos un comentario. Nos encantaría saber qué es lo que más le ha gustado de esta edición.

Aquí hay un enlace rápido a tu página de pedidos:

BestBooksActivity.com/Opiniones50

Gracias por tu ayuda y diviértete!

Todo el equipo

1 - Ajedrez

ن آ ة س ث أ آ و د س ل ظ ؤ ح ث ل
ة ي ح ض ت ب إ س ت ر ا ت ي ج ي ة
م ك ض س ئ ي ي ل ج إ ع ق خ ج ر س
ن ح ض م آ ض ه ب ع ل ب و ظ ط ط ف
ا ص ا ب ل ذ خ د خ ك ئ ل ن ظ ق ا
د ا ل ن ق ا ط ق ة ف م ا ت ا ئ ن
ؤ ع خ ي ك ث آ ث خ س خ ة غ ت ن م
إ ئ ص ل ج ك س ي ا ة ة ث ة ذ ك ب
ل ي م ل ض د س ب س إ ر ؤ ئ غ ذ ى
م ت ل م ل ظ ق ج ى ب ة ي ج ع ض ز
ر و ع ج ذ ة ق ي ك ذ ل إ إ ق غ ك
ظ ش ت ه ط ف و د د ع ا و ق خ ا س
ر ض ي و ف إ ت و ا ل ذ ة ئ ح س ق
ع ؤ ل ل ع ك س ع ا ز ث ع ة ل ط ب
ق ة ك ل م أ ض ب غ آ خ ش و ا س ة
ة ب ص ت س ر ث ز ز ة ت ذ إ خ ئ ج

ليتعلم
أبيض
بطل
منافسة
قطري
إستراتيجية
ذكي
لعبه
لاعب
أسود

الخصم
مبني للمجهول
النقاط
قواعد
ملكة
ملك
تضحية
الوقت
مسابقة

2 - Arqueología

ص	ا	ض	ث	ت	غ	ع	ث	ع	إ	ة	س	ر	ا	ص	ؤ
ط	ف	ى	إ	ر	ع	ص	ر	ظ	ظ	ر	ز	ف	ش	ك	س
ا	ا	ت	ا	ن	ئ	ا	ك	ل	ا	ا	ئ	ح	إ	إ	ا
ئ	ة	ب	ا	ل	ذ	ت	ا	ر	ب	ض	م	آ	ر	ض	س
ص	م	ا	ك	ت	ا	و	ن	س	ب	ح	أ	م	ا	م	ض
ن	ذ	ح	س	ل	ق	ع	ر	ذ	ش	ل	س	إ	م	ظ	ن
ص	و	ث	د	ت	ن	آ	ظ	ع	ؤ	ا	ت	إ	ظ	ص	ح
ك	ط	ز	ع	س	ك	ز	ج	ش	ش	ى	ا	ط	ى	ح	ف
ف	ب	غ	ب	ع	ب	ش	ت	آ	س	ى	ذ	ب	ش	ص	ر
ر	و	ي	ط	ل	ق	ل	م	ض	ب	ض	ض	ص	ت	م	ي
ي	ك	ر	ق	آ	ا	ي	آ	ق	غ	ح	ت	غ	ر	ي	ة
ق	آ	ز	ع	م	ي	ي	ق	ت	ظ	ئ	د	ش	ت	و	س
ش	ح	خ	ر	م	ا	ئ	ث	ط	ك	ق	ب	ر	م	ط	د
خ	خ	ب	ي	ر	ر	ت	ح	ل	ي	ل	ع	ر	ع	ن	ة
ي	ذ	ع	ب	إ	ج	ي	س	ن	م	ف	س	ئ	ب	ط	ر
ى	ى	ث	ق	ث	ل	ز	غ	ل	س	ل	ي	ل	د	د	ئ

فتات
عظام
باحث
لغز
الكائنات
منسي
أستاذ
بقايا
معبد
قبر

تحليل
سنوات
الحضارة
سليل
غير معروف
فريق
عصر
تقييم
خبير
حفرية

3 - Granja #2

ا	د	ح	ب	خ	ط	ر	ظ	ك	ر	ا	ق	ت	خ	ط	ا
ل	إ	س	ذ	ب	خ	ز	ف	ر	ل	ل	ر	خ	ا	ا	ل
خ	ز	ك	ص	ث	ع	غ	ة	ب	ه	ر	ة	ح	ل	ا	ر
ض	خ	ت	خ	ث	إ	ؤ	س	ث	ب	ي	و	ح	د	ي	ا
ر	ش	ب	ذ	ؤ	ج	ث	ل	ث	ر	ن	ي	م	إ	ظ	ع
و	ة	ر	ذ	ب	و	ب	ح	ش	ة	و	ز	ق	س	ج	ي
ا	ط	ا	ف	ي	ث	م	إ	ه	ا	ؤ	ؤ	ف	و	ر	خ
ت	ب	ر	ك	ل	غ	ف	و	ن	ط	ا	ج	ج	ض	ا	ن
ح	و	ج	ق	ح	ل	ا	ا	ح	س	ظ	ة	ر	ي	ظ	ح
غ	ر	ش	ث	ث	ئ	ت	ف	ئ	م	خ	ن	ر	ي	ع	ش
م	ب	آ	د	ي	ي	ن	ا	ت	س	ب	م	ا	ع	ط	إ
ث	ل	و	ة	ع	ف	ض	ي	ض	ف	آ	ظ	ط	ر	ن	ص
ز	ى	ر	ه	و	ا	ع	ظ	م	خ	ش	و	ف	ا	ص	ف
ث	د	ح	ك	ص	ق	م	س	د	إ	ئ	ؤ	ظ	ز	ت	ش
ك	ح	ؤ	ا	ق	ع	و	ز	ئ	ن	ك	و	خ	م	آ	ف
ي	ؤ	ر	ف	ر	إ	ئ	ر	ج	ت	ة	ل	ع	م	ش	ص

مزارع
الحيوانات
شعير
طعام
فاكهة
حظيرة
بستان
حليب
لهب
ناضج

حبوب ذرة
طاحونة هوائية
خروف
الراعي
بطة
مرج
الري
جرار
قمح
الخضروات

4 - La Empresa

ة	ض	د	ت	إ	ئ	د	ب	ث	ا	ث	ل	س	ت	ح	ث
آ	د	ى	إ	ظ	ع	د	و	ش	ل	ا	س	م	و	ا	ش
ؤ	إ	ب	ا	ق	ث	ؤ	ى	ى	م	خ	و	ع	ظ	ث	ا
ا	ح	و	ل	ص	ي	ج	د	ح	و	ق	ي	ة	ي	ش	ض
ل	ت	ذ	م	ث	ا	ل	م	خ	ا	ط	ر	ج	ف	ح	د
و	ا	س	ن	ت	ئ	ح	ا	ة	ر	ك	ض	ح	ل	ق	آ
ح	د	ة	ت	ؤ	ت	ض	ر	ع	د	ق	ة	ع	ا	ن	ص
د	ك	ج	ج	ر	ف	ز	د	ك	ر	خ	ز	ب	خ	ف	ع
ا	إ	و	ف	ا	خ	ص	غ	ا	ن	ت	ف	ث	ي	س	ق
ت	م	د	م	م	ل	ة	ر	ل	ت	ب	ا	ك	ى	ص	ب
ك	ك	ة	ا	ث	خ	ل	ا	ق	ا	ظ	ت	ض	ن	ة	ط
ط	ا	ط	ل	ت	ا	ل	د	ش	د	آ	ج	ق	ى	ك	ز
ي	ن	ث	آ	س	ف	م	ي	ت	ا	ش	ا	ح	ض	ظ	ظ
ف	ي	ة	ق	ا	ظ	ع	خ	ش	ر	ت	ه	إ	ث	غ	ش
ر	ة	ك	م	ن	ع	ا	ل	م	ي	غ	ا	س	ظ	ذ	ذ
س	ا	ض	ص	ر	ك	ت	ب	م	إ	ج	ت	ص	د	ص	و

إمكانية
عرض
المنتج
محترف
تقدم
الموارد
سمعة
المخاطر
اتجاهات
الوحدات

جودة
خلاق
قرار
توظيف
عالمي
صناعة
إيرادات
مبتكر
استثمار
عمل

5 - Aviones

ج	ش	ق	د	ة	م	و	ن	ي	ى	ع	آ	ش	ه	ض	ش
ا	ك	م	ص	ر	ه	ب	و	ط	ز	ض	ر	ن	و	ز	ص
ر	ص	ت	ا	م	ث	ا	ل	ت	ن	ق	ل	ت	ا	ل	ا
ت	ة	و	ه	ا	ج	ت	ا	ا	ض	ر	ي	ث	ء	ل	ذ
ف	ح	و	ب	غ	ا	ي	ب	ض	ف	غ	ز	ط	غ	م	ك
ا	ط	ا	ق	م	ح	ر	ك	ط	ن	إ	ز	ل	خ	ز	ؤ
ع	ؤ	م	ئ	ا	ئ	ئ	ط	ر	ض	ي	ا	ظ	ل	ق	ب
ج	ئ	ت	م	ل	ي	ص	ي	ا	ك	ف	ط	د	ح	م	ط
ء	ا	م	س	ت	ض	س	ا	ب	ا	ظ	ة	ر	ا	ع	ب
ر	س	و	ص	ص	ى	ش	ر	ل	ذ	م	ئ	ك	ظ	ن	و
ض	ج	ا	ئ	م	ج	غ	ج	خ	م	ث	ا	س	ا	د	ك
د	ب	ظ	ع	ي	ض	و	م	ض	ز	ؤ	ث	ء	ذ	ج	ض
ك	ن	ع	ش	م	ي	ج	ط	ن	ي	ج	و	ر	د	ي	ه
ج	ر	ك	ى	ا	ز	ي	ئ	ج	خ	ي	ر	ا	ت	ل	ا
ظ	و	خ	و	ق	ة	خ	ف	ش	ر	ض	ث	ث	إ	خ	ث
ئ	ت	ة	د	د	و	ق	و	ب	ك	ا	ر	ط	ر	س	ب

بالون
مراوح
هيدروجين
التاريخ
محرك
التنقل
راكب
طيار
طاقم
اضطراب

هواء
ارتفاع
هبوط
الغلاف الجوي
مغامرة
سماء
وقود
بناء
اتجاه
التصميم

6 - Tipos de Cabello

ا	ط	ع	ز	م	ط	ف	ى	ج	س	ض	أ	ة	ج	ى	ت
ل	ف	ة	ك	ؤ	و	ظ	س	ر	إ	ي	ب	ذ	م	ة	ة
ض	ن	د	م	ح	ي	ظ	ن	و	ط	غ	ي	د	ا	م	ر
ف	ي	ة	ج	ع	ل	ى	ط	ق	ق	ط	ض	ي	ة	ض	ي
ا	إ	ئ	ع	م	ا	ل	ئ	ئ	ح	أ	ص	ل	ع	ة	ص
ئ	ظ	ت	د	ف	ر	ن	ص	ح	ي	م	إ	ف	م	إ	ق
ر	ذ	ج	ش	ة	ز	ك	أ	ح	ة	ت	ض	ى	ب	ف	إ
و	و	ع	ق	ر	د	ر	ش	خ	ل	م	ل	ض	د	ظ	ف
ت	ج	ي	ن	ب	أ	ى	ق	ج	ف	و	ي	ق	ى	ج	ي
ا	ؤ	د	خ	ب	ث	س	ر	ن	ن	ج	إ	خ	ص	ؤ	غ
ى	س	ا	ظ	ظ	ع	ط	و	إ	ب	إ	ب	ج	ى	ر	و
ة	ت	ل	ج	ق	ظ	آ	آ	د	ص	ح	ب	ل	ذ	ر	ح
ل	ف	ش	إ	ف	د	د	د	س	م	ي	ك	ئ	س	ق	ث
ر	و	ع	ف	ش	ط	ف	د	ا	خ	ف	ض	ة	م	ي	ي
ر	ظ	ر	ف	ض	م	م	ذ	ك	ث	ا	ج	ك	ت	ق	ف
ع	ذ	ذ	ة	ف	ى	ل	ز	س	ظ	ج	ظ	ط	ف	ل	ئ

أبيض
لامع
أصلع
قصيرة
رقيق
رمادي
سميك
طويل
بني
أسود
متموج
فضة
مجعد
تجعيد الشعر
أشقر
صحي
جاف
ناعم
مضفر
الضفائر

7 - Ética

ؤ	ن	ة	م	ي	ق	ل	ا	م	آ	د	غ	ح	ز	س	ج
ا	ت	س	ح	م	ا	س	ت	ل	ا	ب	ظ	ت	ق	ش	ق
ا	ا	ر	ت	ش	س	ك	ة	ق	ط	ل	و	ق	ع	م	ن
م	ت	ئ	ر	ث	م	ب	د	د	ر	و	ش	ا	س	ث	ذ
ث	خ	ش	م	س	ا	ش	و	ر	ق	م	ذ	إ	ب	ة	ئ
س	ا	ب	ك	ب	ح	ش	ر	ة	ه	ا	ز	ن	ل	ا	ى
ا	ل	ع	ق	ل	ا	ن	ي	ة	م	س	إ	و	ظ	ق	و
ش	ن	ح	ة	ؤ	ع	م	ب	ي	م	ي	م	ا	ح	س	ت
إ	ة	ح	ي	ا	ف	ش	ر	ن	ا	ا	ث	ع	ئ	آ	ظ
ة	ي	ى	ع	ف	ط	ل	ل	ا	ل	ئ	ر	ت	ى	ف	ص
ك	د	ث	ق	ت	ع	إ	س	س	ص	ئ	ف	ك	د	ح	ي
ؤ	ر	ب	ا	خ	و	ص	ى	ن	د	ح	ل	ق	ص	ك	ر
ر	ف	ن	و	ر	ك	ت	ب	إ	ق	ب	س	د	ي	م	ع
ى	ل	ي	ل	ة	ن	ل	ف	ر	ظ	غ	ف	غ	ذ	ة	ع
ؤ	ا	و	ا	ئ	ث	ذ	خ	غ	ك	خ	ة	ر	ر	د	ح
ك	ك	ز	آ	ي	ث	غ	آ	ل	ر	ك	ع	ث	خ	س	ف

إيثار
اللطف
عطف
تعاون
كرامة
دبلوماسي
فلسفة
الصدق
إنسانية
الفردية

النزاهة
تفاؤل
صبر
العقلانية
معقول
الواقعية
محترم
حكمة
التسامح
القيم

8 - Ciencia Ficción

ك	ئ	ل	ي	م	ي	م	ه	و	ب	غ	ئ	خ	خ	س	ت
ب	ظ	ت	و	ت	و	ه	ل	د	ع	ا	خ	ض	ي	ى	ث
ق	ص	ف	ت	ط	ق	و	ف	ا	ي	م	ش	ن	ج	د	م
إ	إ	س	و	ر	ث	ث	ع	ط	د	ض	م	ت	ق	ي	ع
ش	ي	د	ب	ف	ظ	ة	ن	و	و	ا	ط	ق	ج	ل	ئ
ذ	ظ	ش	ي	ي	ل	ن	ذ	ظ	ا	ذ	آ	ن	ش	ط	ا
ج	ؤ	و	ا	ح	ل	ض	ق	ح	ق	ل	ظ	ي	ص	ل	ر
ت	ا	ت	و	ب	و	ر	ل	ا	ع	ط	ظ	ة	ك	ب	م
و	ي	ر	ا	ن	ي	س	ل	ا	ي	خ	ق	ت	ا	غ	ث
ر	ا	ة	ي	ل	ب	ق	ت	س	م	ل	ب	م	ل	ي	ؤ
ن	ك	ش	ظ	ف	س	ؤ	ؤ	ي	ب	ك	و	ك	ع	ة	م
و	ن	ي	ئ	ل	ف	ق	ث	خ	ش	م	و	ل	ا	م	ز
ت	ع	ك	غ	ؤ	ط	آ	ع	ي	ع	ا	ض	ؤ	ل	ة	ي
ر	و	ي	ح	و	ت	ي	ش	س	ظ	ة	ا	ي	م	ث	ك
ظ	ب	ر	ا	ج	ف	ن	ا	ت	ي	ص	س	ش	ي	ش	ث
ذ	ف	ذ	ف	و	ر	ص	ك	ر	غ	ش	ى	آ	ة	ن	س

وهمي
الكتب
غامض
العالمية
وحي
كوكب
واقعي
الروبوتات
تقنية
يوتوبيا

ذري
سينما
بعيد
السيناريو
انفجار
متطرف
رائع
نار
مستقبلية
وهم

9 - Granja #1

ب	ش	ك	ن	ن	م	ج	ض	س	ق	ن	س	ج	ا	ج	د
ش	م	ا	ؤ	ز	م	ي	ج	ت	ط	ش	ي	ة	ر	ق	ب
ك	ة	ح	ى	خ	خ	ى	ب	د	ط	ذ	ث	ة	ش	ذ	ل
ك	ط	ب	آ	د	ق	ج	ا	ي	س	ة	ش	و	ي	ا	ك
ع	ا	إ	ص	ض	ز	د	ز	د	ر	ت	و	ض	ز	ل	ن
ة	ل	ب	ح	ن	ت	ا	ت	و	ط	ذ	ش	ش	ق	ش	آ
ظ	أ	ة	م	ن	ك	ت	ح	خ	ا	م	ئ	ن	ط	ل	أ
د	ر	م	ا	ء	ع	ا	ت	ي	ل	ث	د	ن	ا	ر	ر
ط	ض	و	ر	س	إ	ئ	ا	ع	ك	م	ا	ع	ز	و	ق
ت	ن	ح	ل	ة	م	ح	إ	ث	ذ	ص	م	ت	س	ذ	ذ
ب	ج	ظ	ق	ن	ض	ظ	ب	ق	ح	ض	س	م	ت	ب	ن
ح	م	س	خ	س	غ	د	ع	ح	ظ	خ	ك	ظ	إ	ذ	ف
ك	و	س	ض	غ	ف	ى	ي	ق	ة	ج	د	ش	ض	ظ	ن
ز	م	ة	ع	ا	ر	ز	ب	ل	ع	ن	ؤ	ا	ي	ث	و
ز	ض	ع	ت	ث	ع	ح	ظ	غ	ج	ج	ص	ئ	ؤ	ن	غ
ن	آ	إ	ق	ف	ث	ة	إ	ع	ل	غ	ب	ا	ر	غ	ظ

نحلة
زراعة
ماء
أرز
حمار
حصان
ماعز
حقل
غراب
سماد

قط
تبن
عسل
كلب
دجاج
بذور
عجل
الأرض
بقرة
سياج

10 - Camping

ة	ع	ب	ق	ة	و	خ	ق	آ	غ	ص	ظ	ك	آ	ذ	ؤ
غ	س	ع	خ	ع	ر	ب	م	ق	ا	ض	ت	ة	ئ	آ	ة
ر	ص	ص	ئ	ي	ج	ج	ر	ظ	ب	ج	ى	س	ط	د	ن
ذ	ح	د	ط	ب	ك	س	ا	ح	ة	م	د	ث	ع	ف	ذ
ر	ش	ة	ظ	ط	س	ف	ن	ى	أ	ة	م	ر	ب	ي	ف
غ	ر	ة	ل	ص	و	ب	ح	ر	ق	ر	و	ز	ل	ا	س
ل	ة	ر	ب	س	ظ	آ	ج	م	ع	و	خ	ع	ب	د	ا
خ	ر	م	ح	خ	ح	و	غ	ذ	ض	ص	ب	ر	ج	ز	ل
آ	ي	ا	د	ئ	ح	د	س	ت	ذ	ق	م	ل	ن	د	ح
ع	ح	غ	ف	ة	ؤ	ش	ظ	ر	ض	م	إ	ز	ى	ع	ي
ف	ب	م	ر	ا	ج	ش	أ	ل	ا	ل	ص	ي	د	ب	و
ت	ا	د	ع	م	ف	خ	ب	ي	ر	ا	ؤ	م	آ	ى	ا
ئ	ك	ق	م	ا	ذ	ش	ش	ذ	م	ر	ل	ن	ي	ئ	ن
ث	م	ن	ن	ص	إ	ظ	ح	ف	ذ	ق	ى	و	ط	ز	ا
ى	ت	و	ت	س	ة	م	ذ	ث	ؤ	ظ	ك	ا	ج	إ	ت
ل	س	ر	ض	ؤ	ؤ	ق	خ	ط	غ	م	ذ	خ	ح	س	ئ

الحيوانات
مغامرة
الأشجار
غابة
بوصلة
المقصورة
الزورق
الصيد
حبل
معدات

نار
أرجوحة
حشرة
بحيرة
فانوس
قمر
خريطة
جبل
طبيعة
قبعة

11 - Fruta

ا	إ	ة	ن	م	إ	ى	ش	م	ف	س	د	ق	ي	ظ	ل
ن	ت	ض	ح	ز	ر	س	ا	ن	ا	ن	أ	و	ث	و	ي
ت	و	ت	ا	ل	ع	ل	ي	ق	ع	خ	غ	ف	ع	ض	م
ع	ؤ	ج	ف	ك	ل	آ	ا	و	ة	ض	و	آ	ح	ف	و
م	ل	س	ت	إ	ؤ	ن	ب	ق	غ	ذ	ص	خ	ب	ب	ن
ك	ش	م	ا	ن	ج	و	ا	ر	ج	ئ	ة	إ	ض	ز	ز
ش	م	ل	إ	ر	ط	د	ب	ب	ق	ب	ى	د	ت	د	ع
ن	ش	ث	ا	ذ	ع	ش	ن	ش	ت	ظ	ض	ن	ك	ن	ر
ك	م	ط	ر	ف	آ	ط	ع	آ	إ	ق	ط	ه	ح	ب	م
ك	ظ	ش	ر	ى	ض	م	ن	ك	م	ش	ع	ل	ل	ض	ا
ع	ر	ك	إ	ي	ب	ظ	ج	أ	ف	و	ك	ا	د	و	ن
ر	ق	ز	و	م	س	ل	ق	ز	ث	س	ف	ز	ة	ا	ئ
ر	ك	م	ص	خ	ئ	ي	خ	ب	ؤ	ط	ح	و	و	س	د
م	ي	ل	ا	ق	ت	ر	ب	ي	ز	ج	ص	ج	خ	ذ	ل
س	و	ر	آ	خ	ر	ج	آ	ر	ش	ا	م	م	ة	ق	س
م	ي	ب	ى	ؤ	إ	ة	ت	ي	ح	ي	ن	ق	ا	ب	ش

أفوكادو
مشمش
بيري
كرز
برقوق
جوز الهند
توت العليق
رمان
كيوي
ليمون

مانجو
تفاح
خوخ
شمام
برتقالي
بابايا
كمثرى
أناناس
موز
عنب

12 - Geología

ة	م	ك	ؤ	ظ	ؤ	آ	إ	م	ص	ة	خ	ص	ن	ي	ج
ر	ع	ظ	ه	ح	آ	ح	ؤ	ز	ك	ط	س	ط	د	ج	خ
ر	ث	غ	ن	ف	ص	د	ذ	غ	ج	س	ع	ش	آ	ي	آ
ث	ي	ق	ا	ر	ة	ق	ط	ن	م	ب	س	ز	غ	ت	ؤ
ض	ى	ش	ك	ث	ق	ب	ا	ل	م	ع	ا	د	ن	ى	ف
ؤ	ل	ض	ر	ص	ب	ك	ض	ا	ل	م	ر	ج	ا	ن	ز
ز	ل	ذ	ب	ع	ط	ئ	إ	ه	ج	و	ث	ر	ؤ	إ	ق
ة	ف	غ	ظ	إ	د	ب	ح	م	ح	ي	ن	ش	ب	آ	غ
ح	م	ل	ح	ر	ع	ة	ج	ؤ	م	س	ر	إ	ي	ج	ب
ق	ف	إ	ج	ك	ا	ص	ر	ن	ض	ل	ذ	ب	ل	ى	ل
ص	ا	ر	ا	و	و	ر	م	م	غ	ك	ة	ل	ك	آ	ت
ظ	ق	ز	ي	م	ص	ك	م	و	ح	ل	ا	و	ي	ط	ت
ل	ظ	خ	ط	ة	ل	ا	ز	ل	ز	ا	ل	ر	ى	غ	ب
خ	ص	ظ	س	خ	ا	ن	ا	ل	ح	م	م	ا	ؤ	ظ	ن
ئ	خ	ظ	ب	ئ	ق	ط	ذ	ن	ؤ	ص	ر	ت	ظ	ج	ش
خ	ح	ث	غ	ي	غ	ق	ز	ى	ذ	و	ك	ا	ص	د	س

حفرية
سخان
الحمم
هضبة
المعادن
حجر
ملح
زلزال
بركان
منطقة

حمض
الكلسيوم
طبقة
كهف
قارة
المرجان
بلورات
مرو
تآكل
الصواعد

13 - Álgebra

س	ر	ط	غ	خ	ج	ت	ؤ	ب	غ	م	ص	ص	ا	ن	م
ي	ي	ا	ز	آ	ب	ز	ص	ش	ق	ع	ع	م	ا	ظ	ح
آ	ب	ذ	ا	ي	ن	ا	ي	ب	ل	ا	م	س	ر	ل	ا
ش	ض	ذ	ن	ج	ق	ة	ح	ة	ج	د	ة	أ	ز	ح	ة
إ	د	ق	ر	ث	م	د	ر	ز	آ	ل	ح	ا	ف	ب	د
ش	ظ	م	ئ	ث	س	و	ق	ص	غ	ة	ن	ى	ح	ص	خ
ح	ض	ح	ز	ة	ج	ق	م	خ	ف	ا	ل	ط	ر	ح	ع
م	ب	خ	خ	ط	أ	ص	إ	ع	ئ	ر	ي	غ	ت	م	ا
ك	ب	ذ	إ	ج	ئ	ط	إ	ب	ص	ق	آ	ذ	ع	ل	م
ل	و	ع	ك	خ	ط	ي	ن	ا	ي	ب	م	س	ر	ا	ل
ش	ز	ن	ى	م	ظ	م	و	م	و	ت	ر	ظ	ض	ن	د
ل	خ	ط	ت	ط	ي	س	ب	ت	ج	م	ص	ي	ص	ه	م
م	ص	ف	و	ف	ة	ة	ئ	ص	ز	ز	ج	آ	ئ	ا	ش
ث	م	ذ	و	ب	ظ	آ	ة	ق	ء	غ	ع	م	ذ	ئ	ك
و	ر	ت	ج	ش	ة	ج	ن	ج	آ	ط	ؤ	غ	و	ي	ل
ص	ظ	ص	ت	ل	ث	ذ	ش	ت	ر	ص	ص	ن	ع	ع	ة

كمية
صفر
رسم بياني
معادلة
أس
عامل
خطأ
جزء
الرسم البياني
لانهائي
خطي
مصفوفة
رقم
قوس
مشكلة
الطرح
تبسيط
حل
مجموع
متغير

14 - Plantas

ف	خ	ي	ع	ش	ب	ج	ج	ؤ	ى	ث	ك	د	ح	ط	ة
د	ض	ا	ذ	غ	ك	ث	ذ	ة	ط	ط	ر	ص	ة	م	ف
ص	ا	ل	ب	ت	ل	ة	ر	ذ	ئ	ح	ص	ب	ا	ر	ظ
ب	ا	م	ب	و	م	ل	ك	ت	ي	ل	ي	إ	آ	ش	ظ
ت	أ	ئ	س	د	ؤ	ة	ئ	ط	ج	ب	ل	ب	ل	ا	ب
ر	و	ك	ن	ي	ي	ر	ي	ب	و	إ	ش	ق	ت	ث	ك
ى	ر	ح	ق	ر	م	ه	ط	ت	ة	ز	ت	ن	ع	س	و
ض	ا	ث	د	ئ	س	ز	إ	س	ا	ر	ا	إ	ة	ض	ط
ب	ق	ا	ا	ي	ل	و	ص	ا	ف	ب	ب	ش	ج	ر	ة
م	ا	ج	ج	ب	ق	ق	ة	ق	ر	و	ن	ن	ب	ت	س
ج	ل	ش	ر	ق	ى	ة	ة	س	ظ	ش	ل	ل	ة	ث	ع
ئ	ش	ع	م	ج	غ	خ	د	ت	ى	ك	ا	ش	ا	م	ي
و	ج	ض	ث	ل	ى	ر	إ	و	ب	ا	م	ذ	ة	س	ص
ئ	ر	ض	ق	ب	ئ	ط	ا	ت	ع	ح	ل	ح	ك	ع	ز
ص	ق	آ	غ	ث	خ	ئ	ت	ؤ	ي	ظ	ع	ز	إ	ظ	ت
د	ص	ط	ي	ئ	ج	غ	ا	ب	ة	ز	ع	إ	ف	ط	ت

بوش
شجرة
بامبو
بيري
غابة
علم النبات
صبار
سماد
زهرة
النباتية

أوراق الشجر
فاصوليا
لبلاب
عشب
ورقة
حديقة
طحلب
البتلة
جذر
نبت

15 - Suminstros de Arte

ج	س	غ	ح	غ	ئ	أ	س	ؤ	خ	ت	ك	ح	خ	آ	ث
د	ص	ض	ب	ز	ؤ	ق	ر	و	ا	ع	ا	د	ب	إ	د
ق	ض	ك	ر	ة	ة	ل	و	ا	ط	و	م	ث	ئ	ا	ذ
ط	و	ط	ص	ت	ح	ا	م	ب	ظ	ؤ	ي	ي	د	ؤ	ك
ف	ر	ص	خ	ى	ح	م	أ	ا	م	ض	ر	ج	م	ج	ذ
ن	ر	ت	ب	ض	ض	ا	ل	آ	ح	ش	ا	ك	ر	س	ي
ن	ظ	ش	ص	م	غ	ل	و	ذ	ئ	ل	ق	ي	د	م	ج
ا	ؤ	د	ض	ع	ش	ر	ا	ش	ن	ي	ا	ل	ة	إ	ن
ق	ل	ح	و	ل	ب	ص	ن	ي	ط	ت	ض	ي	ح	ك	إ
ح	ل	أ	ك	د	ئ	ا	م	آ	ذ	س	ي	ر	ظ	غ	ؤ
ى	آ	آ	ف	ز	ك	ص	ا	ذ	ى	ا	خ	ك	خ	غ	ذ
ك	غ	ث	ص	ك	ب	ق	ئ	ج	ف	ب	إ	أ	ق	ض	ع
م	ظ	ر	ز	ى	ا	ت	ي	ة	ف	ل	ض	ت	إ	ط	ش
ا	ص	ق	ر	ذ	ث	ر	ة	ض	خ	ا	م	م	ح	ا	ة
ء	ا	ل	أ	ل	و	ا	ن	ا	ل	د	ه	ا	ن	ا	ت
ر	ز	ب	ؤ	ض	ة	ف	ح	ح	س	ة	ذ	ر	ط	ق	ا

نفط
أكريليك
ألوان مائية
ماء
طين
ممحاة
الحامل
كاميرا
فرش
الألوان

إبداع
الأفكار
أقلام الرصاص
طاولة
ورق
الباستيل
صمغ
الدهانات
كرسي
حبر

16 - Negocio

ط	ص	د	ث	ؤ	ع	م	ل	ة	ذ	ط	ك	س	خ	ص	م
و	ب	ر	ص	ي	ؤ	ت	ذ	ث	ى	ظ	ظ	د	ك	ع	و
ج	ن	ل	غ	ب	ض	ا	ئ	ع	و	ظ	ي	ف	ة	و	ا
ذ	ؤ	م	س	ق	ع	ك	ة	ف	ل	ك	ت	ل	ا	ت	د
ا	ب	ع	ن	ص	م	ز	ك	ي	م	ن	ت	ج	ة	ح	ذ
ل	ش	ل	ذ	غ	ل	ط	ر	ة	ل	ه	ة	س	ر	س	ع
ض	و	ا	ظ	ع	ي	ب	ش	ظ	خ	ا	ن	ط	ذ	ق	ظ
ر	ص	ب	ظ	ذ	ة	ي	ن	ا	ز	ي	م	ة	ظ	ن	غ
ا	غ	ح	و	ب	ت	ك	م	ي	ب	ى	ذ	ل	م	ي	ث
ئ	ي	ا	ؤ	ب	ج	آ	ح	د	ا	ص	ت	ق	ا	ل	ا
ب	ع	ص	ن	د	ا	ز	ص	ن	ض	ظ	م	ع	ل	ق	خ
م	ج	ث	ي	ص	ر	ا	م	ث	ت	س	ا	ن	خ	ئ	ن
ص	آ	ق	ظ	ق	ي	ج	ج	ح	ث	ج	ط	ب	ت	ص	ث
ض	آ	ة	ل	ض	ة	خ	ت	ذ	ص	ا	ذ	ص	ئ	ا	ر
م	و	ظ	ف	ة	ئ	ؤ	ق	م	ي	ح	ت	ا	ا	ح	ن
ف	س	ش	ك	د	ث	ن	ؤ	ظ	آ	ز	ث	غ	ل	ب	م

الضرائب
استثمار
بضائع
عملة
مكتب
ميزانية
متجر
وظيفة
عملية تجارية
بيع

مهنة
التكلفة
خصم
مال
الاقتصاد
موظف
صاحب العمل
شركة
مصنع
المالية

17 - Jardín

ا	آ	ز	ن	ئ	آ	ف	ب	ح	ئ	خ	ت	ج	ع	ش	ب
ل	ى	ة	ق	ي	د	ح	و	خ	ر	ر	د	ي	و	ئ	ر
أ	ن	ب	ا	ئ	ج	ح	ش	ط	ب	و	إ	ى	ز	ح	ك
ع	و	ط	و	ر	ف	س	و	ة	ط	خ	س	د	خ	ئ	ة
ش	ا	ص	ر	ح	و	م	آ	ط	ع	ص	ة	ئ	ى	ت	ق
ا	ذ	م	خ	ا	آ	ص	ص	إ	ط	ل	ف	ز	إ	ت	م
ب	ز	أ	س	ل	ط	ش	ز	ك	ر	ا	ج	ب	ج	آ	أ
ج	ز	ر	ي	ت	ل	ج	ه	ؤ	ى	ر	و	ئ	د	ش	إ
ؤ	غ	ج	ر	ر	ج	ر	ر	آ	ج	ا	ي	س	ع	ض	غ
م	ج	و	إ	ا	ث	ة	ة	ب	ى	ي	ي	ل	ق	ز	ة
ت	ض	ح	ق	م	ب	ج	غ	ة	د	ن	ا	ن	م	ن	ح
ى	ب	ة	ذ	ب	ي	ض	ا	إ	ط	ل	ة	ف	ر	ج	م
ت	آ	ش	ل	و	ب	س	ت	ا	ن	ث	ى	إ	ف	ق	ص
ز	ذ	ى	ف	ل	م	م	ج	ا	م	ي	ى	ع	ف	ص	ث
ا	ج	آ	ذ	ي	ج	ل	ر	ا	ق	ط	ط	ز	ت	د	آ
ك	د	ة	ظ	ن	آ	ع	ث	ق	ع	ص	ذ	و	ل	ة	ش

الأعشاب
خرطوم
مجرفة
رواق
أشعل النار
الصخور
تربة
مصطبة
الترامبولين
سياج

بوش
شجرة
مقعد
بركة
زهرة
كراج
أرجوحة
عشب
بستان
حديقة

18 - Países #2

ر ع ق م آ ة خ ت ق ذ ج ظ خ ؤ ؤ ا
غ ب ع ؤ ن ا ي س و ر آ ؤ ز ن و ل
ا س ن ر ف إ ب ا ذ ا د ن غ و أ ن
ي أ ا ع ى ف خ ي ئ ا ن ي ص ط ا م
ب و ن و ق ص م ل ئ ض ع ظ ث خ س س
و ك و ر م ب ن ا ب ا ي ل ا ض غ ا
ي ر ي م ب م ك ر ا م ن د ل ا ل ى
ث ا ل خ آ ي ا ت إ ن ا ت س ك ا ب
أ ن ا م ا ذ ل س ن ي ي ا ا ل غ س
ف ي ج م د ش س أ د ر ر ي ا ث ت ل
خ ا ا ك ن آ و ج و ن و و إ خ ر ذ
غ ج إ ئ ل ج د ذ ن ب س ع ص ق ب س
ث ذ غ ح ر ة ا ئ ي ا ي ن ا ب ل أ
ي د ف خ ي ة ن ف س م ة إ ك ط ا ح
ا ة ص خ أ و ة غ ي ى ن ق ز ظ م ا
ا ق ط آ ا ف ج ز ا ك ي س ك م ل ا

ألبانيا
أستراليا
النمسا
الدنمارك
أثيوبيا
فرنسا
اليونان
إندونيسيا
أيرلندا
جامايكا

اليابان
لاوس
المكسيك
باكستان
البرتغال
روسيا
سوريا
السودان
أوكرانيا
أوغندا

19 - Números

ث	ذ	ت	ا	ن	ي	إ	س	ى	ا	ع	ك	س	آ	ل	إ
ن	م	ط	س	ا	ف	غ	ز	ا	ج	ن	ع	ص	ط	ك	غ
س	ك	ا	ث	ع	ك	ذ	ق	خ	ئ	و	ث	ق	ت	د	ض
ذ	ع	ؤ	ن	ك	ة	ت	س	ص	ف	ر	ش	ع	ة	ت	س
ت	س	ع	ة	ي	ث	ع	ز	ؤ	ظ	ش	ر	د	خ	و	ش
ل	آ	ا	ك	ر	ة	ر	ش	ع	ب	ع	ا	ر	ؤ	س	ع
ج	ن	ج	ك	ش	ر	خ	ي	ر	ش	ع	ة	ع	ب	ر	أ
س	ب	ع	ة	ع	ش	ر	خ	ج	ش	آ	ؤ	ؤ	د	س	ظ
ا	ش	ب	ث	ض	ع	ج	ذ	ت	ش	ع	غ	ض	ئ	ط	م
ث	غ	ل	ا	ث	ة	ا	ط	ا	ف	ن	ة	ط	س	ت	ج
ن	و	ج	ل	ي	ث	أ	ذ	ي	ض	ز	ث	س	ب	ع	ة
ا	ص	خ	ث	خ	ا	ر	ش	ع	ة	ي	ن	ا	م	ث	د
ع	ن	ي	و	م	ل	ب	ش	ر	س	ن	خ	آ	ص	خ	آ
ش	س	ض	ض	س	ث	ع	ظ	غ	ئ	ي	س	ؤ	ك	ص	ت
ر	ا	ش	آ	ة	ف	ة	س	ا	ث	ن	ا	ن	ى	س	ز
ذ	س	ض	ث	ض	ص	ن	ظ	س	ط	ح	ي	ف	ج	م	ل

أربعة عشر
صفر
خمسة
أربعة
عشري
تسعة عشر
ثمانية عشر
ستة عشر
سبعة عشر
عشرة

اثنا عشر
اثنان
تسعة
ثمانية
خمسة عشر
ستة
سبعة
ثلاثة عشر
ثلاثة
عشرون

20 - Física

ك	ل	ئ	غ	ت	ي	ا	ش	ط	ز	خ	ق	آ	ج	ئ	إ
ش	ط	ز	ض	ر	ى	ق	ت	ز	ت	ك	ط	ي	ص	ق	ب
ؤ	م	ث	ض	د	ة	ى	ذ	ذ	ج	ز	ب	ف	ر	ع	ت
م	ر	ق	ذ	د	ص	س	ك	ن	و	ر	ت	ك	ل	إ	ج
ن	ا	ك	ي	ن	ا	ك	ي	م	ا	ك	ؤ	م	س	س	م
و	ن	ى	ن	ف	ص	ع	ب	ل	س	ث	ج	ؤ	ي	ا	ر
و	غ	ة	ظ	ف	ئ	د	ن	ل	و	ا	ا	م	إ	ل	ك
ي	ي	م	ل	ا	ع	س	ن	ف	غ	ف	ذ	د	م	م	ب
ف	ك	ر	ح	م	ب	ز	ا	غ	د	ة	ب	ر	ض	غ	ل
و	م	ط	ذ	ي	ؤ	د	ت	ش	إ	و	ي	ج	س	ن	ص
ض	د	غ	ة	ش	م	خ	ل	ث	ض	غ	ة	ة	غ	ا	ح
ى	آ	غ	ل	ز	د	س	ت	ئ	ت	ف	ر	ك	ذ	ط	س
ر	ذ	ك	د	آ	ى	خ	ب	م	ن	ح	ذ	ف	س	ي	ض
ق	ظ	ي	ا	ن	ذ	ص	و	ت	ج	د	ؤ	ث	ك	س	ح
ع	س	ر	ع	ة	ت	ث	ر	ع	ث	ف	ف	ح	ق	ي	ئ
ش	ش	ع	م	ف	ة	ل	ت	ك	ع	ي	ر	س	ت	ة	د

كتلة
ميكانيكا
مركب
محرك
نووي
جسيم
النسبية
عالمي
متغير
سرعة

تسريع
ذرة
فوضى
كثافة
إلكترون
معادلة
تردد
غاز
جاذبية
المغناطيسية

21 - Belleza

خ	ش	غ	إ	ز	ث	ج	ش	ظ	س	و	ب	م	ا	ش	د
ظ	ؤ	ى	ة	ح	ظ	آ	ع	ب	ت	غ	ي	ل	ؤ	ب	ل
ئ	ل	ئ	آ	ف	س	ص	ن	ؤ	ف	ط	ظ	ك	ج	ق	ج
ح	ص	د	ي	غ	ل	ح	و	غ	ص	ر	خ	د	م	ا	ت
ظ	ظ	ؤ	غ	خ	ظ	أ	ن	ا	ق	ة	آ	ق	ي	ق	ر
ظ	ؤ	ؤ	ظ	إ	ؤ	أ	ر	ع	م	آ	ص	ك	ؤ	ز	ح
ر	غ	ا	ل	ل	و	ن	ع	ط	و	ر	ا	ئ	ح	ة	س
ز	م	ي	د	و	آ	ي	و	س	م	م	م	ض	خ	ز	م
ق	خ	ك	ح	ل	ا	ق	ت	ا	ج	ت	ن	م	ي	ا	ا
ب	ة	ه	ا	ف	ش	ل	ا	ر	م	ح	أ	و	س	ح	ة
ا	ؤ	ف	ظ	ك	ص	ئ	ض	ى	ي	ظ	ت	ك	إ	غ	ر
ذ	ز	ف	ف	ي	ة	ذ	ز	آ	ت	خ	ا	آ	و	ا	خ
ر	ع	ش	ل	ا	د	ي	ع	ج	ت	ر	د	ة	م	ع	ن
ل	آ	ي	م	ؤ	س	ن	ل	آ	ا	د	ن	ا	ز	د	خ
ج	ظ	ج	ل	إ	ت	و	س	خ	غ	ئ	ا	ر	ن	د	إ
ش	ئ	ح	و	إ	ح	ط	غ	ا	ج	ش	ص	ح	ى	آ	ة

عطور
نعمة
ماكياج
جلد
أحمر الشفاه
منتجات
تجعيد الشعر
ماسكارا
خدمات
مقص

زيوت
رائحة
شامبو
اللون
أناقة
أنيق
سحر
مرآة
حلاق
رقيق

22 - Países #1

ح	إ	غ	ا	م	م	أ	ل	م	ا	ن	ي	ا	ح	ق	د
ث	آ	خ	م	ل	إ	س	ب	ا	ن	ي	ا	ل	ئ	ظ	ر
ي	ي	ض	ن	م	م	ا	ك	ي	ج	ل	ب	ي	ا	غ	ل
ط	س	خ	ب	ذ	ط	غ	ل	م	س	ف	ة	و	ا	م	إ
ؤ	ب	ح	غ	ت	إ	د	ر	ه	ك	إ	إ	ز	ل	ت	و
ا	ل	ب	ر	ا	ز	ي	ل	ب	ن	س	ي	ن	ف	ل	د
ن	ي	ك	ا	ر	ا	غ	و	ا	ظ	د	ط	ف	ل	ؤ	س
ا	ل	أ	ر	ج	ن	ت	ي	ن	م	إ	ا	ي	ب	ي	ل
د	ة	آ	و	ذ	ر	ه	ن	د	ص	د	ل	ض	ي	ئ	إ
ن	ت	ن	د	ض	ط	ن	ض	ظ	ر	خ	ي	ب	ن	ر	م
ل	م	ك	ا	ز	ج	د	ل	ل	ك	غ	ا	ب	خ	غ	ظ
و	ل	ن	و	ئ	ب	و	غ	و	خ	ق	ع	ظ	م	ف	ي
ب	ع	د	ك	ق	ظ	ر	ا	ل	ن	ر	و	ي	ج	ف	ك
و	ص	ا	إ	ل	ف	ا	ق	ز	غ	ر	م	ص	ا	د	ؤ
ض	ج	ش	ل	ش	ؤ	س	ف	ز	ص	ي	ج	ئ	ن	د	ن
آ	ا	خ	ا	إ	ق	ز	ت	آ	ج	ر	ب	ظ	د	ظ	ف

ألمانيا
الأرجنتين
بلجيكا
البرازيل
كندا
الإكوادور
مصر
إسبانيا
الفلبين
هندوراس

الهند
إيطاليا
ليبيا
مالي
المغرب
نيكاراغوا
النرويج
بنما
بولندا
فنزويلا

23 - Mitología

ث	ع	د	ى	ج	ئ	إ	ع	ش	خ	ش	ة	ق	ئ	م	ا
أ	ن	آ	د	ض	ى	ر	ل	ل	ل	إ	خ	آ	ذ	س	ل
ض	س	ؤ	ذ	ة	ا	ق	ى	د	و	ط	د	إ	خ	خ	غ
ئ	ت	ط	ي	ئ	ظ	د	ب	ث	د	ط	ر	ع	د	ن	ي
ن	ر	ح	و	د	د	ض	إ	آ	ظ	ق	ك	م	ض	ا	ر
آ	خ	إ	ى	ر	ة	م	ة	إ	ك	ة	ع	ن	ل	ن	ة
ط	ث	ي	ب	ص	ة	ح	ق	و	ة	ا	ص	ع	ت	ت	و
ث	ذ	ر	ز	ب	ه	ا	و	آ	ت	ك	ر	ت	ع	ق	ك
ة	ك	ء	ز	ز	ل	ر	ل	ب	ب	آ	د	ث	ى	ا	ي
م	ت	ا	ه	ة	آ	ب	خ	ي	ر	ر	د	ح	ة	م	ش
ح	ة	م	غ	ح	ل	س	م	ص	ث	ق	ث	ق	ا	ف	ة
ر	ب	س	ن	ي	ا	ذ	غ	ر	غ	س	ر	س	ى	س	غ
ب	ب	ل	إ	ن	س	ى	ب	س	آ	ص	د	ل	ن	م	ز
ل	ت	ا	د	ق	ت	ع	م	ل	ا	خ	د	ي	ة	ط	غ
م	م	ي	ت	ز	آ	م	ا	و	ؤ	ل	ز	ب	ط	ل	ا
ف	ج	ؤ	ظ	د	ض	ح	ذ	ك	ش	ق	ئ	ح	ن	د	ز

الغيرة
السماء
سلوك
خلق
المعتقدات
مخلوق
ثقافة
الآلهة
كارثة
قوة

محارب
بطل
خلود
متاهة
أسطورة
مسخ
مميت
برق
رعد
انتقام

24 - Ecología

م	ط	خ	ح	ؤ	ة	ك	د	آ	ن	ك	ت	ب	ن	ظ	ص
خ	س	ع	ا	ل	م	ي	ث	ى	ج	ن	ن	م	ر	ث	غ
ل	ص	ت	ى	م	ح	خ	ث	ب	ا	ئ	و	ج	ة	غ	ا
ق	ش	ا	د	ع	ن	ر	ث	م	ة	ط	ع	ح	ي	ؤ	ل
و	إ	ت	ف	ا	ف	ا	ف	ج	ي	ا	ب	آ	ظ	إ	ح
ض	آ	ا	د	و	م	و	خ	ت	ر	ظ	ث	ي	ث	ص	ي
ب	ط	ب	آ	ن	ط	ه	ث	م	ح	خ	آ	ن	ع	ذ	و
ئ	ل	ن	ث	أ	د	ا	ق	ع	ب	ل	س	ؤ	م	ة	ا
ج	ف	ا	ف	ل	ب	د	ع	ا	ل	ئ	و	م	ل	ا	ن
ر	ن	ر	ن	ا	د	ة	ي	ت	ا	ب	ن	ل	ا	م	ا
ى	ة	ف	ث	ذ	ض	ى	ع	ص	ج	ر	ا	ى	ن	د	ت
آ	ز	ك	ع	ذ	ط	ق	ي	ك	ك	د	غ	غ	و	ز	ح
ا	ل	م	و	ا	ر	د	ب	ض	م	ا	ب	ا	ع	ح	إ
ى	ر	س	ظ	ك	آ	س	ط	آ	ة	ط	ج	م	ط	س	ف
ض	د	ة	إ	ا	ل	م	ت	ط	و	ع	و	ن	ش	ج	ص
خ	ة	خ	ك	س	ط	م	ة	ذ	ى	ة	ع	ى	ظ	ش	و

طبيعة
اهوار
نباتات
الموارد
جفاف
مستدام
نجاة
نوع
نبت
المتطوعون

مناخ
مجتمعات
تنوع
الأنواع
الحيوانات
النباتية
عالمي
الموئل
البحرية
طبيعي

25 - Casa

غ	ر	ف	ة	ن	و	م	ز	ص	ص	ة	إ	ف	ع	ح	د
ب	ق	ق	ي	آ	ر	ل	ز	ص	آ	ن	ت	ش	ل	د	ف
ك	ي	س	ض	س	ر	ع	ط	ع	س	خ	ب	ن	ب	ي	ا
ك	آ	ث	ر	ر	ث	م	م	ر	ش	د	غ	و	ه	ق	ل
ئ	ة	ر	أ	ة	ت	آ	ظ	ح	ق	م	ق	غ	ر	ة	ر
ر	ذ	ف	ش	ش	ت	ل	ض	س	آ	ك	ك	ق	ب	و	ئ
ص	ف	ض	ذ	ك	ئ	ش	ك	ط	ض	ئ	ة	ر	غ	غ	ق
ب	ا	ب	ح	ا	ئ	ط	ز	ب	ي	غ	خ	ث	و	ج	م
ظ	ن	ذ	ز	ك	ح	ض	ئ	ذ	ي	ة	خ	ز	ي	ر	ب
ر	ض	ع	س	ة	غ	غ	ر	ص	إ	ة	إ	ئ	ض	ر	إ
ذ	خ	ك	ة	ى	ك	ذ	ة	ب	ت	ك	م	ن	ئ	ى	ن
ث	خ	ش	ك	ت	ا	ر	د	ي	ة	ف	ف	ز	خ	ط	ع
م	ر	ؤ	ة	ئ	آ	ى	ا	م	ص	ب	ا	ح	إ	ث	غ
م	ط	ب	خ	ر	ط	و	ج	ج	ا	ي	س	ذ	ب	ب	ض
ؤ	س	ب	ث	س	ل	ة	س	ن	ك	م	إ	ذ	ك	ج	ت
ع	ط	غ	ة	ا	ى	ر	ة	آ	ر	ن	ش	ش	إ	ح	ح

صنبور
حديقة
مصباح
حائط
أرضية
باب
قبو
سقف
سياج
نافذة

سجادة
علبه
مكتبة
مدخنة
مطبخ
غرفة نوم
دش
مكنسة
مرآة
كراج

26 - Salud y Bienestar #2

د	م	إ	م	ج	و	ع	ط	ض	ك	ئ	ي	ض	ج	و	ح
ا	ل	ن	ظ	ئ	ر	م	ف	غ	ع	ر	ح	ج	ة	ق	ب
ح	و	ي	ز	ج	ذ	م	ق	ط	د	ص	م	س	ن	ل	ة
ع	ل	م	ا	ل	و	ر	ا	ث	ة	ح	ي	ث	ت	آ	ث
و	إ	ا	ط	غ	ص	س	ط	ق	ع	ي	ة	ي	د	إ	ؤ
ع	ص	ت	ك	م	ر	ض	ط	ة	ف	ا	ظ	ن	ل	ا	ك
ا	م	ي	ى	ذ	ظ	د	س	ا	ا	د	م	ز	ي	ض	ع
ف	ب	ف	ت	ك	ف	د	ظ	د	ق	ة	إ	و	ك	ا	آ
ه	ض	م	ا	م	م	ج	س	ث	ص	ة	ث	ش	آ	ل	س
م	ر	ض	ي	آ	ي	ق	ن	م	م	ة	ك	ط	ى	ت	ا
ر	س	ط	ك	ا	ظ	ت	ز	ظ	ك	و	ذ	ى	ز	ع	ن
ر	ث	ف	ة	ذ	ح	ح	ئ	غ	ا	ك	ج	ش	ة	ا	ج
ئ	د	غ	ا	ت	ج	ي	ص	ص	ع	د	و	ى	إ	ف	ئ
س	ظ	ة	ط	ف	ط	ر	ى	و	ف	ص	ص	ذ	ي	ي	ث
ت	غ	ذ	ي	ة	ج	ش	ه	ي	ة	ي	س	ا	س	ح	ؤ
إ	ل	ة	ى	ف	ش	ت	س	م	ل	ج	ص	ب	ث	ش	ف

النظافة
مستشفى
عدوى
تدليك
تغذية
وزن
التعافي
صحي
دم
فيتامين

حساسية
تشريح
شهية
تجفاف
حمية
هضم
طاقة
مرض
ضغط
علم الوراثة

27 - Selva Tropical

ا	ظ	خ	ا	ن	م	س	ذ	ر	ة	د	ا	ع	ت	س	ا
ل	ح	غ	ح	ل	ط	ظ	غ	ح	أ	ج	ل	م	و	ث	ئ
غ	ذ	ة	ى	ح	أ	ي	خ	ح	غ	ا	ث	ك	ر	ل	ش
ا	ط	ب	ك	غ	ل	ن	ع	ف	ر	ص	د	و	ج	ف	ع
ب	د	غ	ص	غ	ب	ق	و	ظ	ى	ى	ي	ل	ص	أ	ج
ة	ع	ي	ب	ط	خ	ط	ن	ا	ر	إ	ي	ت	غ	ح	ش
ة	خ	ؤ	ى	ر	ا	ل	ت	ع	ع	ذ	ا	ب	ا	م	ر
ت	م	ى	م	خ	ش	س	ش	س	و	ئ	ت	د	ا	ب	غ
ط	ا	ك	ق	ب	ا	ل	ب	ر	م	ا	ئ	ي	ا	ت	ن
ح	ر	ر	و	ي	ط	ل	ا	ن	ج	ا	ة	ل	م	ض	ى
ل	ت	ي	ش	ة	ن	آ	ل	ؤ	س	ظ	م	ل	ي	ر	ر
ب	ح	ض	س	ح	ا	ب	إ	ن	خ	ة	ي	ن	س	ى	ا
ظ	ا	ض	خ	ج	ل	ل	ت	ا	ت	ص	ق	ى	س	ص	ب
ع	ى	م	ص	و	ق	ا	غ	ت	ي	ض	و	ط	ف	ض	ع
ا	س	إ	ر	ا	ض	إ	ل	ئ	ض	م	ذ	ن	و	ق	ذ
ض	ي	ظ	إ	ف	ر	ش	آ	ي	ح	ط	ل	آ	ج	ى	ش

البرمائيات
نباتي
مناخ
ملة
تنوع
الأنواع
أصلي
الحشرات
الثدييات
طحلب

طبيعة
سحاب
الطيور
حفظ
ملجأ
احترام
استعادة
الغابة
نجاة
ذو قيمة

28 - Colores

ص	ث	س	ت	ة	ح	ج	ش	ى	خ	ذ	ن	و	ا	ص	د
و	ل	ر	ف	ل	ك	ك	و	ة	ن	و	ؤ	س	ز	ث	ق
م	آ	إ	ي	د	ظ	ض	ع	ث	د	ف	ع	ق	ر	ز	أ
ف	ص	و	ئ	و	م	خ	و	ؤ	و	ة	ن	ن	ق	ظ	ي
أ	ظ	ط	ي	ل	ا	ق	ت	ر	ب	ى	ع	ي	س	ي	ع
ح	إ	ث	ن	ط	ص	آ	ع	ذ	ذ	ع	ؤ	ش	م	آ	ز
م	ي	ى	ا	ف	ن	ب	أ	ب	ي	ض	ب	ل	ا	ي	ة
ر	أ	ز	و	ر	ع	ل	ن	إ	ي	ع	ج	آ	و	ص	ض
إ	ط	ح	ج	س	ف	ن	ب	ي	ئ	س	ؤ	و	ي	ن	ب
ي	ز	ة	ر	ض	ش	ط	ث	ى	د	و	س	أ	د	ش	و
ى	إ	ث	أ	أ	آ	ى	ض	ن	ب	ا	آ	ح	ر	ك	خ
ف	ز	ر	ث	ؤ	خ	ل	غ	ض	ي	آ	ك	ة	و	س	ج
و	خ	ة	ؤ	ل	ج	ض	ل	ع	ج	ل	د	ن	س	آ	ت
ش	إ	ر	م	ا	د	ي	ر	ئ	ش	ة	ي	ز	م	ر	ق
ي	أ	ص	ف	ر	ظ	إ	م	ح	ؤ	خ	ف	ن	د	آ	ض
ا	ذ	ش	ئ	ص	آ	ن	ص	ت	ف	ئ	ي	خ	غ	ت	ج

أصفر
أزرق
أزور
بيج
أبيض
قرمزي
ازرق سماوي
فوشيا
رمادي
نيلي

بني
برتقالي
أسود
أرجواني
أحمر
وردي
بني داكن
أخضر
بنفسج

29 - Adjetivos #1

م ع ا ك ى ؤ ع ر ي ب ك د ق د ا ص
ب ل ض ر ن ش ط ث ط ن ئ ا ر إ ع ظ
ذ ت ط ي خ س ر ك ث خ ى ك ش ش س ن
ش ؤ آ م ذ ك ي ا ة ع س ن م ذ ق خ
ج ئ ك ف ي إ خ ي ا س ب ص آ م آ ز
د ذ ؤ ي ك ك آ ك ق ت ا د ظ د ز ي
ي د ى ب ا ب ش ب ة م ج ى ج ا ث
ش إ ى غ ع ت ى ح ا ل ف ض ظ ش ي ب
ك ن ض ل ق غ ع ك ؤ ف س ض ح ق ز ل
س إ ل ط م و ح س ل ر ش ص ج ذ ا ب
ؤ ف ك ه ت م ب إ غ ع ن ر ى ك ط ا
د ئ م ظ ط ب ل ح م إ ط ب ة ي ي ش
ك ا م ل إ ل ى ع ب ة و ط ء ض ة ى
ذ و ق ي م ة ء ي ر ب ل ا ط خ ض ث
ق ز ص ق ؤ ح ي ع ؤ ف ا و ث م ز ف
ف ع آ ث ن ظ ث ي د ح ز ة ظ ة آ ف

مطلق
نشط
طموح
عطري
جذاب
مشرق
ضخم
كريم
كبير
صادق

مهم
البريء
شاب
بطيء
حديث
داكن
كامل
ثقيل
جدي
ذو قيمة

30 - Familia

ظ	ة	و	ظ	غ	ط	و	ج	ة	ا	د	ئ	ا	أ	ؤ	ى
ي	ئ	ق	ن	و	خ	ض	ق	ا	ش	ا	ن	ا	م	ع	م
آ	ض	د	س	م	ح	ج	ف	ل	س	ل	ذ	ل	ع	ك	ر
ئ	ت	ت	ل	و	ح	ذ	ر	أ	ع	ع	ؤ	أ	ن	ظ	ح
ح	ف	ي	د	ب	ش	إ	ب	م	غ	م	ظ	ط	ب	و	ل
د	د	ا	ش	ي	ب	ق	ظ	ط	خ	ؤ	م	ف	ا	ط	ة
ض	ت	ش	ل	ف	ز	ع	ي	ا	ب	ط	ح	ا	ف	ر	ا
س	ض	ز	ط	ى	ن	ف	م	ق	ذ	ة	ع	ل	ظ	م	ل
ج	د	ك	ك	ز	ي	س	ع	ة	ج	و	ز	ك	ز	ج	ط
و	ض	ز	ة	ح	ة	ف	ع	د	ت	خ	غ	ع	ح	ح	ف
ذ	ط	ت	ا	ب	ن	ة	س	ج	ص	س	ف	ز	ؤ	ب	و
ج	د	ث	ج	ك	ا	ب	ن	أ	خ	ح	ظ	ث	ج	ث	ل
م	خ	ب	ز	ج	ق	أ	آ	خ	أ	ا	ل	ز	و	ج	ة
ل	ن	ئ	ش	ش	ظ	خ	ي	د	ا	خ	ر	ا	ط	ذ	ق
ق	ش	غ	ؤ	ة	ط	آ	و	ط	ف	ل	ت	ف	د	ث	ل
ي	ئ	ك	ق	ئ	ع	ف	ي	ز	س	ئ	ع	ا	ل	أ	ب

الأم
حفيد
طفل
الأطفال
أب
الأب
ابن عم
ابن أخ
عمة
العم

جدة
جد
سلف
زوجة
أخت
شقيق
ابنة
مرحلة الطفولة
أم
الزوج

31 - Disciplinas Científicas

ع	ع	ل	م	ا	ل	آ	ث	ا	ر	ى	ج	ز	ط	ف	خ
ع	ل	إ	ة	ا	ع	ش	ا	س	ع	ؤ	ط	ع	ن	ي	ض
ل	ذ	م	ع	ح	ق	ل	ب	ا	ا	إ	ذ	ل	ن	ز	ز
م	ص	ب	ا	ي	ج	و	ل	و	ي	ج	ر	م	د	ي	ئ
ا	ع	ي	ن	ل	ظ	غ	ى	ؤ	د	ى	و	ا	ا	و	ك
ل	ل	و	م	ب	ا	ص	ع	أ	ل	ا	م	ل	ع	ل	ي
ف	م	ل	ل	ط	ك	ج	ط	ت	ي	ك	ج	ن	م	و	م
ل	ا	و	ا	و	ي	ق	ت	ذ	غ	س	ة	ب	ل	ج	ي
ك	ل	ج	م	ب	ن	ؤ	ا	م	ء	ذ	ئ	ا	ا	ي	ا
ق	ن	ي	ل	ط	ا	ح	ت	آ	ا	ث	ي	ت	م	ا	ء
ز	ف	ا	ع	ت	ك	ي	و	خ	ي	ع	ب	ة	ل	م	ظ
و	س	ل	ح	ظ	ي	ر	ب	د	ز	ج	ل	ث	ع	خ	ر
ك	ذ	ح	ط	ح	م	ش	و	ذ	ي	و	ا	خ	ظ	ب	آ
ل	س	ا	ن	ي	ا	ت	ر	و	ف	ف	م	ق	ي	د	ن
ز	ذ	ش	ص	ث	ة	ز	ل	ا	ل	ن	ل	ؤ	ئ	ف	ش
ن	ؤ	ز	ر	ى	ث	د	ا	ل	ا	ذ	ع	ي	خ	ا	ز

تشريح
علم الآثار
علم الفلك
بيولوجيا
علم النبات
علم البيئة
فيزيولوجيا
الفيزياء
جيولوجيا
علم المناعة

لسانيات
ميكانيكا
علم المعادن
علم الأعصاب
تغذية
علم النفس
كيمياء
الروبوتات
علم الاجتماع

32 - Cocina

ف	غ	ذ	ف	ر	ل	ي	غ	ر	ز	ئ	م	ج	ث	ن	ظ
م	ج	م	د	إ	ت	ت	ا	ل	غ	د	ا	ن	ع	ش	ف
ك	ب	ن	ث	ق	ن	ب	ت	آ	ا	ع	ع	ف	د	ق	ر
ا	ج	ن	ش	د	ا	ط	ل	ء	ؤ	ي	ط	س	ئ	ي	ن
ش	و	ا	ي	ة	و	ت	و	ا	ب	ل	ة	إ	ط	ر	ل
د	ك	د	د	ف	ل	غ	ج	ع	ئ	ن	إ	ج	إ	ب	ن
ا	ب	ي	ؤ	ر	ا	م	ط	و	م	إ	ض	ت	ق	إ	د
غ	ل	ع	ك	غ	ل	ث	ث	ل	ا	ج	ة	و	ص	ف	ة
ئ	ف	ش	س	م	ط	ا	ل	م	ل	ا	ع	ق	ؤ	ك	ؤ
ب	ح	ل	و	ب	ع	ى	ش	ب	ث	ظ	ز	ؤ	د	ظ	م
آ	ى	ف	س	ك	ا	إ	أ	ك	و	ا	ب	ز	خ	د	غ
ل	ة	ذ	ى	و	م	س	ك	ا	ك	ي	ن	آ	ق	ز	م
ق	إ	ل	و	ز	ي	م	ا	ة	ط	آ	ض	ة	ن	ؤ	ل
ض	ئ	ن	ى	ظ	ز	ة	ت	غ	ن	آ	ي	ش	إ	ض	س
ن	ب	ا	ى	إ	ف	ج	ا	ز	ث	ة	ا	س	ث	غ	ة
ى	غ	ذ	ي	ق	ز	ل	ت	ف	ي	ى	ز	ز	ن	ن	ج

فرن
إبريق
عيدان
شواية
وصفة
ثلاجة
منديل
أكواب
وعاء
الشوك

غلاية
لتناول الطعام
طعام
مجمد
الملاعق
مغرفة
سكاكين
مئزر
توابل
إسفنج

33 - Salud y Bienestar #1

ف	ا	ك	و	ن	ر	ة	ظ	ن	خ	ط	ت	ة	د	ا	ع
ي	ل	ذ	س	ج	ل	د	ن	ط	غ	ب	م	ق	ح	ر	ض
ر	ه	ع	س	ر	ب	ا	إ	ش	ؤ	ي	ع	ص	ع	ت	ل
و	ر	ى	ز	س	ق	ي	ز	ذ	ط	ب	ن	ح	ق	ف	ا
س	م	ع	خ	ؤ	س	ع	ا	ي	ر	ي	ت	ك	ب	ا	ت
ش	و	ص	ي	د	ل	ي	ة	ل	ط	ة	ل	س	ف	ع	ا
ط	ن	ح	ت	ص	ث	ط	ب	ذ	م	ر	ع	ي	ط	ل	ل
ء	ا	و	د	ص	ج	و	ئ	ض	د	و	ذ	ق	ط	ص	ع
ا	ت	ج	ط	ش	ع	ظ	ا	م	ب	ث	ق	س	ق	ى	ل
خ	ب	ل	ز	ل	م	ض	ؤ	و	ل	و	ى	ف	و	ذ	ا
ر	ي	ص	ض	ر	ؤ	ر	ح	ذ	ث	ئ	ض	ن	إ	ق	ج
ت	ح	ؤ	س	ئ	ز	آ	ب	ب	ؤ	ش	ط	د	ؤ	آ	ي
س	ك	ع	ن	م	ج	ا	ل	ع	خ	ط	ق	ص	و	ك	و
ا	خ	م	ش	ط	و	ش	ي	ذ	ب	ق	ل	ف	ص	د	ض
ؤ	ظ	ج	ج	خ	ع	ب	و	ث	ز	ل	ب	ر	ع	غ	ة
ص	ب	ز	ظ	غ	ة	ف	ج	خ	ظ	ر	ث	م	و	ؤ	ي

نشط
ارتفاع
بكتيريا
عيادة
طبيب
صيدلية
كسر
جوع
عادة
الهرمونات

عظام
دواء
عضلات
جلد
الموقف
منعكس
استرخاء
علاج
العلاج
فيروس

34 - Adjetivos #2

ع	ف	ف	د	ح	ل	ا	م	ت	ص	ف	ع	غ	ا	د	ا
ئ	خ	و	ض	إ	ذ	ا	ت	ت	د	ا	ا	ث	ة	د	ك
ر	و	ه	ش	م	د	ؤ	ي	ك	ع	ى	د	ي	آ	ص	ح
ي	ر	و	خ	ز	ض	ؤ	ة	ئ	ش	ب	ي	ت	ج	إ	س
د	ذ	د	ل	و	ى	س	ر	م	ص	س	د	ف	ق	ن	ا
ص	ر	إ	ا	إ	ق	و	ي	س	ا	ح	ق	ئ	ى	ت	ل
ا	ا	ا	ق	ل	و	م	و	ؤ	ذ	غ	ي	ظ	س	ا	ج
ل	ح	ة	م	ر	ش	ص	ص	و	م	و	ن	إ	ف	ج	د
ح	س	ج	ش	ا	م	ج	ف	ل	إ	ى	أ	ئ	ن	ي	ي
ل	خ	م	ن	ة	ت	غ	ي	س	خ	ط	ب	ي	ع	ي	د
ل	آ	ف	ئ	ي	ط	ي	ؤ	ف	س	ف	ط	ص	ث	ى	خ
أ	ط	ي	ئ	ض	د	م	ك	آ	ع	ر	ا	ي	ى	ط	ى
ك	ى	خ	ن	ئ	ا	ي	ى	ي	ص	ق	ز	ج	ا	ف	خ
ل	س	د	ؤ	د	م	ي	ئ	ف	ا	ى	ج	ع	إ	آ	د
خ	ت	د	ع	ة	ع	ا	ئ	ا	ط	ث	ط	س	ع	ر	ة
ى	ئ	غ	ش	ز	ق	و	ئ	ج	ح	ة	إ	ظ	ط	ق	ا

متعب
صالح للأكل
خلاق
وصفي
دراماتيكي
أنيق
مشهور
طازج
قوي
مشوق

طبيعي
عادي
الجديد
فخور
حار
إنتاجي
مسؤول
مالح
صحي
جاف

35 - Cuerpo Humano

ك	ئ	س	و	ة	ح	س	ث	س	ذ	ش	خ	ح	إ	و	ا
ش	ئ	ط	غ	ؤ	غ	ح	و	ي	د	م	ا	غ	ر	و	ص
ظ	ق	ئ	ش	ق	ح	و	ج	ئ	د	آ	آ	خ	ج	ل	ج
ض	ط	ل	غ	ص	ف	ب	ه	ر	ل	ح	ا	ك	ش	ط	ظ
ؤ	س	ج	ت	س	ج	ص	ي	ح	ج	ض	ي	ئ	إ	ذ	ذ
ع	ي	ن	ح	ج	س	ق	ى	د	ح	ج	ن	م	ع	د	ن
ظ	ط	ا	ر	ذ	س	آ	ع	غ	ي	ك	خ	م	ك	ى	ر
د	ك	ت	خ	ع	إ	ا	ب	ا	و	ذ	و	ت	ق	د	ؤ
ل	غ	ظ	آ	م	ص	ف	م	ؤ	ؤ	ق	ى	ع	ص	ؤ	م
ج	غ	ع	س	ح	خ	ك	د	س	ى	ن	ذ	أ	ز	س	ط
ر	ك	ب	ة	أ	ق	ت	إ	ا	ؤ	ا	ك	ى	ئ	ة	ط
س	ذ	ص	ى	ل	ن	ف	م	ى	ط	س	غ	ت	و	ج	ت
ئ	ئ	إ	ج	ق	م	ف	ا	ئ	ب	ل	ق	د	غ	ظ	د
ك	ي	ؤ	ك	ل	د	ح	ر	ق	ب	ة	س	ج	ؤ	ا	ح
ح	ل	ص	غ	ي	ت	ي	ح	ث	ث	ب	ؤ	آ	غ	خ	ر
ق	ص	ز	ف	آ	ي	ن	م	ؤ	س	غ	غ	ئ	ي	ص	ض

ذقن
فم
رئيس
وجه
دماغ
كوع
قلب
رقبة
إصبع
كتف

لسان
يد
أنف
عين
أذن
جلد
رجل
ركبة
دم
كاحل

36 - Calentamiento Global

ك	ؤ	ر	ة	ؤ	ت	ح	ر	ى	ز	ع	ب	و	ق	ئ	ص
م	غ	ا	ف	س	ك	ا	ي	ح	ر	ا	خ	ي	ز	ن	ط
ا	ع	ا	س	و	و	ل	ه	ا	ب	ت	ن	ا	ا	ا	س
ع	ا	ا	م	ا	ل	ب	ي	ا	ن	ا	ت	ع	غ	ك	ل
ر	ل	ة	ذ	ؤ	ئ	ي	آ	ك	ض	ل	ة	ي	ذ	س	ة
ث	ق	ق	إ	إ	غ	ئ	ت	ت	ي	أ	م	ر	ث	ل	ر
ز	ط	ا	ث	م	ز	ة	ط	ا	ث	ج	ز	ش	إ	ا	ا
ض	ب	ط	ل	ئ	ل	و	ع	ر	ظ	ي	أ	ت	ب	ت	ر
ط	ا	ة	ل	ل	ر	آ	ا	ي	ئ	ا	ش	ك	م	ش	ح
ج	ل	ع	ع	ع	ض	م	ل	ي	ص	ل	ط	ص	ك	ة	ل
و	ش	و	ف	ة	ف	س	م	غ	م	ا	ث	ج	ت	غ	ا
ب	م	آ	إ	ا	غ	ت	د	ت	ب	م	ل	إ	س	ى	ت
خ	ا	ق	غ	ة	ج	ق	و	ل	ف	ن	س	ن	آ	ل	ا
ج	ل	ك	ظ	خ	ب	ب	ل	ا	ي	ا	ئ	ح	ئ	ج	ج
ذ	ي	ك	ش	و	د	ل	ي	ى	ش	خ	ج	و	ك	ى	ر
ك	إ	ت	ؤ	ر	ي	ى	ض	خ	ط	ب	و	د	ي	ث	د

طاقة
مستقبل
غاز
الأجيال
حكومة
صناعة
دولي
تشريع
السكان
درجات الحرارة

الآن
البيئة
انتباه
القطب الشمالي
التغييرات
عالم
مناخ
أزمة
البيانات
تطور

37 - Restaurante #2

ط	ج	ؤ	خ	م	ة	ك	و	ش	د	ف	و	ز	ف	ص	ع
ا	ح	ض	ق	ل	ف	ر	ا	ل	م	ع	ك	ر	و	ن	ة
ح	ل	م	ا	ع	ل	س	ج	ق	ر	ع	ي	ز	م	ن	ه
ث	ض	ن	ء	ق	ذ	ي	ذ	ل	ي	ج	ك	آ	ظ	ظ	ك
س	ب	ث	ا	ة	ك	م	و	ف	ج	إ	ز	ك	ت	ظ	ا
ل	ي	و	د	د	ظ	ة	ش	ق	س	ل	ش	آ	ف	د	ف
ط	ض	ز	غ	م	ل	ن	و	ر	ح	م	ص	ض	س	ذ	ل
ة	ب	ط	ت	ا	و	ر	ض	خ	و	إ	ك	ف	ر	ك	ئ
ؤ	م	ط	ب	ء	ت	ش	خ	ف	د	ب	إ	ر	ب	ة	ك
ث	م	ص	د	و	ظ	خ	ي	م	ص	م	ع	ت	إ	آ	ن
ى	ح	س	ا	و	س	ث	ث	غ	ح	م	ش	ث	ر	ض	ك
د	ظ	خ	ؤ	ذ	ض	د	ث	ئ	و	ب	ا	ة	ن	غ	ر
ى	ط	م	ز	د	ع	ض	ك	آ	ن	ن	ء	ا	س	ح	ق
ئ	ت	ق	ش	ذ	ح	ج	آ	ح	ى	ت	و	ا	ب	ل	ت
ي	خ	س	ك	ذ	ق	ا	ظ	ؤ	خ	ل	ح	ط	ة	ت	ر
آ	ة	ج	ل	ي	د	ر	م	ذ	ئ	د	ج	غ	ل	ة	ؤ

ماء
غداء
مشروب
النادل
عشاء
ملعقة
لذيذ
سلطة
توابل
المعكرونة

فاكهة
جليد
بيض
كيك
سمك
ملح
كرسي
حساء
شوكة
خضروات

38 - Profesiones #1

ث	ظ	ؤ	ف	ل	ط	ئ	ر	ط	إ	ن	ا	ؤ	ى	ي	غ
ف	ح	م	و	و	ن	ا	ي	ب	ل	ا	ف	ز	ا	ع	ع
ل	ر	ي	ا	ض	ي	ز	ر	ي	ج	ا	ة	ى	د	ا	ص
ك	ض	ر	آ	ن	ث	د	ط	ب	ي	آ	ر	ؤ	ح	ة	ظ
ي	م	ا	ح	م	ل	ي	ي	ي	و	ق	م	ذ	د	د	ش
ق	ح	ف	ط	م	ح	ت	ب	خ	ل	ئ	ج	ي	إ	ح	م
ظ	م	ذ	ر	ط	ع	ت	ب	ق	و	ة	ي	ض	ش	د	إ
م	س	د	م	ر	غ	ض	ي	ط	ج	ص	ث	ض	س	ى	ن
ص	ف	ن	د	ع	ئ	س	ب	ئ	ي	ق	ك	د	و	ظ	س
ر	ي	ح	ر	ء	ا	ف	ط	ا	ل	ا	ل	ا	ج	ر	ؤ
ف	ر	ة	ب	ط	ص	ل	ت	ر	ج	ر	ك	ي	ب	ا	ل
ي	م	م	ر	ض	آ	ة	م	خ	ض	غ	إ	ص	ح	س	ة
م	س	ز	و	ص	و	ذ	ظ	م	ض	ح	ق	ح	ي	ض	ئ
ط	د	ة	ي	ح	ؤ	ط	ج	ا	ل	إ	ث	خ	ص	م	ى
ي	ب	و	ر	ؤ	ى	ق	ز	س	ف	ن	ل	ا	م	ل	ع
ش	غ	ن	ئ	م	ؤ	ف	خ	ر	ظ	ص	ي	س	ر	ش	ج

محامي
فلكي
رياضي
راقصة
مصرفي
رجال الاطفاء
رسام خرائط
صياد
عالم
طبيب

محرر
سفير
ممرض
مدرب
سباك
جيولوجي
صائغ
عازف البيانو
علم النفس
طبيب بيطري

39 - Vehículos

ا	ر	ى	ض	ب	ف	م	غ	م	ل	ض	ث	ن	ي	ط	ظ
غ	ل	م	ض	غ	ة	ح	س	ي	ا	ر	ة	ر	ئ	ا	ط
و	ح	م	آ	ب	ط	ر	ت	ب	و	ك	ي	ل	ه	س	ع
ا	ح	ى	ك	ي	س	ك	ا	ت	إ	خ	ت	د	ن	ي	ذ
ص	ش	ل	و	و	ل	ك	ر	ب	ق	ط	ا	ر	ؤ	ا	ئ
ة	ق	غ	ي	ر	ك	ف	ا	ر	ع	ى	و	ذ	خ	ر	ص
ل	آ	غ	س	ت	ل	ف	ط	ا	د	ل	د	ج	ص	ة	ف
ف	ث	ة	ض	م	غ	ط	إ	ق	ع	ئ	ا	ل	ا	إ	ا
ا	ذ	غ	ك	ذ	ح	ق	ل	ط	ز	و	ئ	ف	ر	س	ط
ح	إ	ع	ؤ	د	م	ص	ا	ى	ج	س	ب	ض	و	ع	آ
ش	ا	ح	ن	ة	ج	ا	ر	د	ش	غ	ي	ض	خ	ا	ئ
ط	و	ف	ع	ق	و	ج	ع	غ	ع	ن	د	إ	خ	ف	ح
ا	ي	ش	ؤ	ا	ج	ق	ر	خ	إ	ش	ا	ي	ظ	ط	ئ
ب	ب	خ	ث	ف	ع	ئ	و	ا	م	ز	س	ط	ط	ئ	ص
ح	ع	ل	ك	ل	ا	ط	إ	س	ر	ص	ؤ	خ	ك	ض	ذ
ت	ؤ	ك	غ	ة	ع	ؤ	ا	ى	ث	و	ح	ق	غ	ض	آ

العبارة
هليكوبتر
المكوك
مترو
محرك
الإطارات
غواصة
تاكسي
جرار
قطار

سيارة إسعاف
حافلة
طائرة
طوف
قارب
دراجة
شاحنة
قافلة
سيارة
صاروخ

40 - Geometría

ظ	ا	ر	ط	ق	ت	آ	ن	ز	م	ر	م	ق	ا	ن	ج
ك	ل	ذ	غ	س	ج	غ	ث	ق	ر	ص	ط	ى	ل	ظ	ت
إ	ب	ل	ل	غ	م	ن	ح	ن	ى	ع	ظ	ى	و	ر	إ
ظ	ع	ة	ض	س	ش	س	ي	س	ة	س	ن	ى	س	ي	ش
إ	د	ح	ذ	ط	ذ	س	ف	ب	ى	أ	ف	ق	ي	ة	ؤ
ش	غ	آ	ع	س	م	ذ	ف	ة	ن	ؤ	ط	ق	ط	ع	غ
ز	ذ	ض	ة	ط	ث	ي	ل	ح	ض	ز	د	ت	ظ	ط	م
ت	ي	غ	ظ	ب	د	د	م	ر	ى	ظ	ذ	م	ز	ع	ص
ن	ش	ر	ز	ة	ي	و	ا	ز	ة	ل	ت	ك	ا	ف	ي
ا	ج	ح	ب	د	س	م	و	و	ب	ي	إ	د	و	ط	إ
ظ	و	ج	ى	ح	ش	ع	م	آ	م	ث	ل	ث	م	س	ف
ر	ؤ	م	ل	ع	ا	ف	ت	ر	ا	ة	م	ة	ث	ل	ى
ب	ث	ش	ض	ئ	غ	ش	د	ش	ا	ن	و	ا	ح	ط	س
ر	و	ف	إ	ت	آ	ئ	ق	ف	ط	ئ	ظ	ؤ	س	ر	ت
ي	ث	م	ز	ف	س	ث	ص	ق	ض	ص	ز	ب	ط	ؤ	آ
إ	س	د	ز	ب	ب	ا	س	ح	م	ق	ر	ق	س	ن	ر

ارتفاع
زاوية
حساب
منحنى
قطر
البعد
معادلة
أفقي
منطق
كتلة

الوسيط
رقم
مواز
نسبة
قطعة
تناظر
سطح
نظرية
مثلث
عمودي

41 - Vacaciones #2

د	و	غ	إ	ة	ل	ض	إ	ؤ	ي	ى	ل	ع	غ	ص	ج
ئ	ح	ف	ن	د	ق	ش	ا	ط	ئ	ك	غ	خ	ط	ي	ص
و	ع	ع	أ	ج	ن	ب	ي	ت	ا	ظ	ف	ح	ت	ل	ا
ج	ن	ح	ذ	ؤ	ل	آ	ص	ذ	م	ط	ع	م	د	ف	ة
ه	ق	ث	ف	ح	ا	ن	ا	ح	ؤ	خ	ص	إ	و	ط	ل
ة	ش	خ	ل	ف	ر	س	ذ	د	س	س	ظ	ط	و	ب	ح
ر	ث	ا	ى	ح	ق	س	ن	ز	ب	خ	ي	م	ة	ب	ر
ي	ق	ق	ح	ص	ل	ح	ن	ن	ح	و	ظ	إ	ر	ف	و
ش	ة	د	و	ا	ز	غ	ؤ	ظ	ر	ح	ر	ز	ي	ح	ص
أ	س	س	ج	ي	ا	خ	س	ت	ا	ت	ذ	ع	ز	ظ	ل
ت	ظ	ن	ش	ص	ط	س	ر	ا	ط	م	ا	د	ج	ز	ا
ي	ئ	ف	م	ة	ل	ز	ا	ي	ت	ؤ	ي	ك	ح	ز	ش
ت	ى	آ	ث	و	ؤ	إ	ط	خ	ط	ئ	ض	ك	س	ش	ع
ج	و	ا	ز	س	ف	ر	ق	ذ	ش	ة	ي	ز	ج	ي	ق
ض	ت	ا	ة	ي	ف	ط	ظ	ؤ	ح	ل	ض	ق	ل	ض	ئ
ش	ط	ة	د	غ	ع	ا	ص	ا	ل	ت	ر	ف	ي	ه	ض

مطار
خيمة
وجهة
أجنبي
الصور
فندق
جزيرة
خريطة
بحر
الترفيه

جواز سفر
شاطئ
التحفظات
مطعم
تاكسي
النقل
قطار
عطلة
رحلة
تأشيرة

42 - Baile

ي	ب	ع	د	ن	ا	ض	ف	غ	ق	ح	ى	م	ؤ	ر	ت
ل	ا	ى	ى	ص	ل	ت	م	ع	ب	ر	ة	ك	ئ	و	آ
ص	ث	ي	ا	ط	ك	ع	خ	ا	خ	م	ك	م	ح	د	غ
ف	ن	ي	ف	ك	و	ا	د	ق	ش	ق	ق	ئ	ع	ح	ذ
ب	ر	و	ف	ة	ر	ط	ك	ي	ر	ش	إ	م	ب	ن	س
آ	ر	ز	م	د	ي	ف	آ	إ	ب	ن	خ	و	م	ف	ع
م	ؤ	غ	د	إ	غ	ة	ص	ن	ى	ا	ذ	ق	غ	ظ	و
ت	د	ل	ز	م	ر	ي	ط	ث	ق	ا	ف	ة	ف	ش	ف
ف	ق	و	م	ل	ا	م	ض	ك	ي	ف	ا	ق	ث	ز	و
م	خ	ل	ا	م	ف	ي	م	ح	س	ق	خ	ط	ظ	ز	س
خ	ب	ش	ي	ظ	ي	د	ض	س	و	ي	ك	ئ	ج	ح	ز
د	ة	ئ	ر	د	ا	ا	خ	غ	م	ر	إ	ط	ث	ر	ر
ر	ش	ب	ص	ب	ي	ك	ل	ا	س	ي	ك	ي	ة	ك	ك
ر	غ	م	ب	غ	غ	أ	ب	ب	ن	ر	ى	ت	غ	ة	خ
ي	ي	ذ	غ	ى	إ	ل	آ	ج	د	د	ش	و	ن	ز	ى
س	ظ	ص	ب	ى	ك	ا	س	خ	ف	س	ث	ت	غ	ص	م

الأكاديمية
مرح
فن
كلاسيكي
الكوريغرافيا
جثة
ثقافة
ثقافي
عاطفة
بروفة

معبرة
نعمة
حركة
موسيقى
الموقف
إيقاع
قفز
شريك
تقليدي
بصري

43 - Matemáticas

ف	ؤ	د	ر	ج	ا	ت	ا	ك	ط	ي	ج	ط	ب	ح	ي
ن	ف	و	ظ	ط	ا	ن	ل	ك	ي	د	و	م	ع	د	ص
آ	س	ز	ا	د	ق	س	أ	ف	ح	ذ	د	ى	ن	ل	ح
ز	إ	ظ	ن	ي	ث	ح	ر	د	م	د	ا	ك	ك	آ	ا
خ	آ	خ	ت	س	ق	س	ق	ش	ج	ب	ي	ث	ى	ق	ل
م	ث	د	ض	ى	ش	ا		ش	م	ي	ج	ذ	م	ا	ز
ط	و	ا	ث	ة	ك	ب	م	ص	و	إ	ي	ظ	ى	ص	ا
س	ت	ا	ي	ا	و	ز	ز	ا	ع	ب	ر	م	إ	ق	ت
ج	س	ف	ز	س	ع	م	ح	ح	ب	س	ش	ش	م	د	ل
م	ز	ف	إ	ظ	ة	س	د	ن	ه	ظ	ع	ر	ض	ل	م
ى	و	ء	ق	ا	س	ت	ل	ق	ق	ر	ث	ث	ل	ث	م
ؤ	ى	ف	ف	و	ج	ط	ا	ؤ	ذ	ك	ج	س	ع	ن	ش
ر	ص	ب	ئ	ت	ت	ي	ل	ب	ز	ض	ئ	ج	ص	د	ط
م	ع	ا	د	ل	ة	ل	ص	ي	ن	ز	آ	إ	م	و	ز
س	ش	آ	و	م	ا	ت	و	ث	ب	ئ	آ	ب	ن	ة	إ
ع	ز	ز	ذ	ب	إ	م	ت	ب	ض	خ	ب	ب	ئ	ف	ذ

حساب	درجات
زوايا	الأرقام
محيط	مواز
مربع	عمودي
عشري	مضلع
قطر	مستطيل
معادلة	تناظر
أس	مجموع
جزء	مثلث
هندسة	الصوت

44 - Restaurante #1

ئ	د	ش	آ	ن	ا	د	ل	ة	ط	ن	إ	ح	ل	ل	ث
م	ط	ب	خ	ي	ث	ؤ	ي	ص	ب	ر	ض	ء	ا	ع	و
ة	ى	آ	خ	ك	س	ز	د	ل	ق	ص	ر	ا	ف	ر	ئ
م	ح	ل	ت	س	ى	ا	ن	ص	م	ع	ص	ك	ئ	ش	ز
ح	ك	ث	ي	ص	ق	ذ	م	ص	ع	آ	إ	ط	ب	ة	ئ
د	ز	و	ط	ع	ه	ق	و	ت	ق	ن	ذ	ى	ؤ	ؤ	و
ئ	ج	ر	ن	ى	و	ل	ح	ؤ	ر	ع	ق	ع	ف	ع	د
ى	ح	ا	خ	ا	ة	ق	ث	ع	ط	ق	ي	ب	ت	خ	س
م	ى	و	ج	ت	ت	ؤ	ر	ل	ع	ن	د	ح	ح	ش	ر
ذ	ش	ش	ئ	ب	ح	ج	ن	ح	ا	ي	و	ب	س	ز	م
ف	ض	ة	ب	ق	و	و	خ	ة	م	ئ	ا	ق	ا	س	ق
ل	ت	ن	ا	و	ل	ا	ل	ط	ع	ا	م	ت	س	م	ذ
ن	م	ز	ا	ط	إ	ؤ	ة	خ	ب	ز	ؤ	ك	ي	و	ب
ز	ق	ت	ت	ش	ح	ا	ظ	ع	ا	د	ق	ظ	ة	آ	ر
ج	ة	ع	و	ب	ح	ع	غ	ؤ	ا	ط	ك	غ	ص	ب	س
ل	آ	ى	ت	ز	س	ن	ص	ا	ا	ل	م	آ	ئ	ض	خ

قائمة
خبز
حار
طبق
دجاج
حلوى
حجز
صلصة
منديل
وعاء
حساسية
قهوة
صراف
نادلة
لحم
مطبخ
لتناول الطعام
طعام
سكين
مكونات

45 - Profesiones #2

ك	ع	د	غ	ر	و	ص	م	ل	م	ا	م	ى	آ	ق	ي
ى	ا	ج	ا	ض	ص	غ	ب	ت	خ	ز	ث	ء	ب	ق	خ
ن	ل	م	إ	ل	ج	إ	ض	ت	ا	ي	ئ	ا	ي	ح	أ
ب	م	د	ة	س	ر	ن	ر	ر	خ	ف	غ	ض	ب	م	ب
ب	ا	ر	ا	ا	ا	ع	ع	ا	خ	ح	ب	ف	ط	ؤ	ف
د	ل	س	ب	ا	ح	ث	ة	ي	ن	ص	ش	د	ؤ	ة	ة
غ	ح	ش	ق	ح	ر	ث	ن	ط	آ	ظ	ي	ئ	د	ا	ة
ظ	ي	ى	غ	ف	ؤ	ا	س	د	ن	ه	م	ا	ف	ة	غ
ض	و	ش	ح	و	ت	ط	س	ذ	ح	ك	ى	ر	ح	ع	ب
ط	ا	ي	ص	س	إ	ذ	غ	ب	ث	ج	ب	آ	ع	ل	ل
ا	ن	ز	ب	ل	د	إ	ش	ط	ا	ت	ث	ل	آ	ق	ق
ط	غ	و	ت	ي	ه	ح	ئ	ك	ل	ش	ج	د	ط	ث	آ
ظ	ك	ؤ	ك	ف	ا	ر	إ	ق	ذ	إ	و	ؤ	م	ر	ث
س	ج	و	ف	م	ن	ؤ	ن	ا	ن	س	أ	ب	ي	ب	ط
ا	م	س	ى	ذ	ة	ب	ت	ك	م	ل	ا	ن	ي	م	أ
ض	ج	ف	ئ	ة	ل	ف	ا	ر	غ	ط	ض	ي	و	غ	ل

مزارع
رائد فضاء
أمين المكتبة
أحيائي
جراح
طبيب أسنان
محقق
فيلسوف
المصور
مهندس

مخترع
باحث
بستاني
لغوي
طبيب
صحفي
طيار
دهان
مدرس
عالم الحيوان

46 - Naturaleza

ج	د	آ	س	ع	خ	ن	م	و	م	ك	ح	د	خ	آ	س
ت	و	ص	ن	ل	د	ة	ت	و	ق	ث	ش	ؤ	س	ي	ح
ا	ل	ن	ح	ل	م	ر	ح	ر	ة	ل	ز	ش	ب	ن	ا
ن	ؤ	ء	خ	ب	ئ	ي	ر	ب	ئ	ج	م	ئ	ل	ر	ب
ا	غ	ا	ب	ة	د	ل	ك	خ	آ	ع	ي	ل	ت	ه	ي
و	ص	ر	ج	م	ا	ل	ض	آ	ح	ي	و	ي	إ	ن	ط
ي	إ	ح	إ	ب	ه	غ	ب	و	د	ح	ذ	و	ش	إ	ز
ح	ف	ص	ص	ح	ؤ	ا	ا	ث	ز	ذ	ق	إ	ط	ك	ظ
ل	ض	إ	ى	ا	ز	خ	ب	ح	م	ث	ل	ج	ة	ح	آ
ا	ل	ق	ط	ب	ا	ل	ش	م	ا	ل	ي	ط	ض	ب	إ
إ	ف	ح	ص	ت	ط	ف	ق	ظ	غ	ط	ض	س	ش	م	ة
ج	ت	غ	ى	ث	آ	ش	ؤ	ؤ	ك	ر	غ	ق	ظ	أ	ع
إ	ل	ح	د	م	خ	ك	إ	آ	ق	آ	ث	ؤ	ت	و	ى
ا	س	ت	و	ا	ئ	ي	ل	ي	ث	ط	ع	ي	ك	ى	و
أ	و	ر	ا	ق	ا	ل	ش	ج	ر	ي	ف	ط	ش	ك	ت
م	ل	ا	ذ	ط	ذ	آ	ئ	غ	ق	ث	ى	ح	ئ	ق	ف

النحل
الحيوانات
القطب الشمالي
جمال
غابة
صحراء
متحرك
تآكل
أوراق الشجر
مثلجة

ضباب
سحاب
سلمي
مأوى
نهر
بري
ملاذ
هادئ
استوائي
حيوي

47 - Conduciendo

ت	ل	إ	س	ة	ي	خ	ؤ	ش	ض	ض	إ	ش	س	ة	ي
ج	ة	ط	ي	ر	خ	ج	د	و	ج	ب	ن	ظ	س	ل	خ
ح	ع	ى	م	ح	خ	غ	د	ط	خ	آ	ؤ	ف	ذ	ت	ط
ى	ر	ف	ر	ى	ت	ص	ا	ظ	ص	ط	م	ل	ى	ص	خ
ى	س	ك	ك	ل	ن	ن	ة	ل	م	ح	ر	ك	ش	خ	ع
ج	خ	ق	ة	ي	ر	ا	ن	ة	ج	ا	ر	د	و	ق	و
ؤ	ض	ك	ر	ا	ؤ	ظ	ح	إ	ب	ر	ش	ز	و	ص	ي
ن	ذ	ص	ا	ق	ل	م	ا	ر	ف	ئ	ج	ا	ر	ك	ظ
ن	ن	ج	ي	ن	ق	م	ش	ر	ط	ة	آ	غ	ر	ي	ق
س	ف	ذ	س	ؤ	ن	ا	ر	ؤ	ج	غ	ث	ئ	ز	ع	ش
ظ	ة	ا	ش	م	ل	ا	ف	و	ح	ق	ر	ح	ا	د	ث
ا	س	ك	ل	ف	ا	ز	ب	ظ	ر	ف	ف	خ	ط	ر	ع
غ	ص	ر	ث	غ	ت	ل	ة	خ	ذ	ن	م	أ	ف	ض	ج
ك	ي	ن	خ	ر	ض	ب	غ	ة	ل	ف	إ	د	و	ط	ي
ن	خ	ظ	ؤ	ك	ت	ن	ر	ح	ق	ق	ر	ئ	ى	ج	ز
ة	ؤ	ة	ث	ؤ	ط	م	ق	ك	ق	ج	ظ	ا	ت	د	ر

حادث
شارع
شاحنة
سيارة
وقود
فرامل
كراج
غاز
رخصة
خريطة

دراجة نارية
محرك
المشاة
خطر
شرطة
أمن
النقل
حركة المرور
نفق
سرعة

48 - Ballet

ظ	ت	ذ	ص	ر	ا	د	ر	ف	ن	م	ب	ص	خ	ف	ر
ت	ص	ف	ي	ق	ل	ف	ؤ	أ	ب	ر	و	ف	ة	ذ	ز
ذ	ر	ش	ر	ج	د	ض	م	ى	و	ط	ر	إ	ت	و	خ
آ	ص	ن	م	ط	ر	ث	ذ	ا	ر	ر	إ	د	ف	ز	د
ف	ع	ح	ظ	إ	و	ش	ص	ك	ل	ئ	ك	ش	ل	ز	ط
ل	س	ل	ن	ش	س	ر	د	إ	ش	ق	س	ج	س	ص	س
ج	د	م	ب	ي	ق	ض	ذ	ك	إ	ئ	ث	ت	ت	ث	آ
م	و	س	ي	ق	ى	ا	ل	ر	ا	ق	ص	ا	ت	ر	خ
م	ع	ب	ن	ش	ي	ة	ظ	ث	ط	ل	ذ	ل	ش	و	ا
ى	ه	ص	ف	ش	ع	ي	ا	ذ	ث	ص	ص	ض	ل	ه	آ
آ	ط	ا	ل	ي	د	س	ب	إ	ي	ق	ا	ع	ق	م	ذ
خ	ي	ص	ر	ف	ر	ة	ر	ب	ع	م	ص	ح	ل	ج	ط
ع	و	ة	ت	ة	ي	ن	ق	ت	ؤ	خ	ق	ق	ي	ل	ل
ا	ل	ك	و	ر	ي	غ	ر	ا	ف	ي	ا	ث	آ	ا	ى
ق	ك	ض	ب	و	آ	ض	ص	ر	ز	غ	ع	ة	ث	ع	ت
ي	ذ	ئ	ص	ئ	ض	ذ	ج	ث	ت	آ	ظ	ذ	ل	ز	ع

تصفيق
فني
الجمهور
الراقصات
ملحن
الكوريغرافيا
بروفة
نمط
معبرة
لفتة

مهارة
شدة
الدروس
عضلات
موسيقى
أوركسترا
إيقاع
منفردا
تقنية

49 - Fuerza y Gravedad

ف	ا	ص	م	ة	م	ئ	إ	ت	ك	م	ج	ى	آ	ا	ذ
ئ	ل	س	ن	ش	ز	ح	ش	ى	د	ت	ر	ي	ث	أ	ت
ف	ف	خ	ت	خ	د	آ	و	ر	ي	ح	و	م	ن	ت	ن
ت	ي	خ	ش	ط	ك	و	ض	ك	د	ر	ح	ل	ة	ة	خ
خ	ز	ح	ظ	ض	ا	ح	ت	ك	ا	ك	م	ا	ئ	ئ	ة
ز	ي	ن	و	ب	ئ	خ	ح	غ	ض	آ	ا	ع	ل	ف	ط
ح	ا	ي	ئ	ض	ص	ق	ح	ل	ن	ل	ز	ا	د	ئ	ؤ
آ	ء	ث	ب	ا	ا	إ	و	ع	م	ظ	آ	ى	و	ت	ى
ب	ح	ج	ئ	ق	ط	خ	ذ	ر	ج	ذ	غ	ث	ن	ق	ش
غ	ل	ص	ذ	آ	ة	ن	ك	ص	ح	ر	ق	ة	ض	و	ا
خ	ج	ح	ا	ذ	ؤ	ز	ظ	آ	ب	ك	ا	و	ك	ل	ا
و	ط	غ	ض	ة	ي	س	ي	ط	ا	ن	غ	م	ل	ا	ت
م	م	ي	ك	ا	ن	ي	ك	ا	ك	ت	ش	ا	ف	و	ط
م	آ	ن	ظ	ق	ف	ز	إ	ا	ع	ط	و	غ	س	د	ن
ق	ى	ظ	ج	خ	غ	ز	ن	ي	ع	س	ر	ع	ة	و	ع
ا	إ	ؤ	غ	آ	ة	ة	ى	آ	خ	ى	ا	ن	ز	و	ش

حجم
ميكانيكا
فلك
وزن
الكواكب
ضغط
خصائص
الوقت
عالمي
سرعة

المركز
اكتشاف
متحرك
بون
محور
توسع
الفيزياء
احتكاك
تأثير
المغناطيسية

50 - Aventura

ط	ش	خ	ا	و	ئ	ل	ب	ص	خ	آ	ع	ث	م	غ	م
ف	ج	ض	ج	ن	خ	ل	ا	ل	ج	د	ي	د	س	ي	ف
ر	ا	خ	ز	م	ح	ن	ح	خ	ط	ي	ر	د	ا	ر	ا
ص	ع	ل	ة	أ	ر	ر	ص	ف	ا	و	ف	ل	ر	ع	ج
ة	ة	ه	ج	و	م	ي	ا	د	ش	ص	س	ي	ا	ا	أ
إ	ج	ج	ت	ظ	ن	ض	ى	ف	ن	ز	ل	ح	ل	د	ة
ص	آ	ؤ	ض	ض	د	ح	إ	س	ذ	س	ا	ئ	ر	ي	ح
ع	ع	ئ	د	م	ج	ت	ظ	غ	ة	ل	خ	د	ح	ث	ا
خ	ل	و	ط	ك	ص	م	ق	آ	ث	ئ	ظ	ى	ل	ي	ل
ص	ت	ة	ب	ض	ح	م	ا	س	غ	ذ	ظ	ث	ة	ئ	م
ض	د	د	د	ة	ى	م	ي	ر	غ	ط	ظ	ت	ة	ع	ل
ئ	إ	د	ز	ع	ح	ك	إ	ث	ث	د	ش	ج	ف	ذ	ا
ش	ذ	ة	ر	ي	ع	ى	ص	ص	و	ا	ى	ز	م	ي	ذ
ص	ا	ذ	ط	ب	ا	ؤ	ع	ض	إ	م	س	ك	ل	ا	ؤ
ن	ة	ى	ص	ط	ج	ص	ت	ة	ش	ج	ل	ت	ي	ت	ل
ط	ث	د	ن	خ	ذ	د	ذ	ا	ر	ى	د	م	ي	ث	ق

طبيعة
الملاحة
الجديد
فرصة
خطير
تحضير
أمن
مفاجأة
شجاعة
السفر

نشاط
مرح
اصحاب
جمال
وجهة
صعوبة
حماس
انحراف
غير عادي
مسار الرحلة

51 - Pájaros

ي	ش	ع	ع	ث	ذ	س	ق	ق	ن	ل	ر	ذ	ه	ص	ر
ئ	ع	ب	ل	ة	س	م	ض	ل	ع	ر	ن	ر	ي	ي	ض
ا	ل	ب	ط	ر	ي	ق	ى	ق	ا	د	س	و	ر	ى	ر
ك	د	ل	ج	و	ط	ح	ي	ل	م	ج	ر	ؤ	و	إ	ب
ة	ص	ز	ث	ز	ة	ؤ	م	ل	ة	ف	ض	ت	ن	ط	م
ع	ص	ف	و	ر	ع	ن	ء	ا	غ	ب	ب	م	ض	و	ا
ج	ن	د	ث	إ	ج	ح	س	غ	م	ح	ج	ض	ف	ق	ث
ب	ق	إ	ض	ل	ب	ا	ر	غ	ط	ة	ض	ي	ب	ا	و
ل	ا	د	ق	ة	ث	م	و	ع	و	م	إ	ك	آ	ن	ا
ا	غ	ة	س	ذ	خ	و	ن	ر	ف	ز	ث	ص	ث	ن	آ
و	ئ	م	ك	ى	إ	ج	و	ؤ	غ	ؤ	ب	ش	س	ر	م
ظ	ت	ر	ة	خ	غ	ح	و	د	ج	ا	ج	ئ	ي	آ	ؤ
ق	م	ن	ع	ة	ض	إ	ظ	ن	ا	ل	و	ق	و	ا	ق
ق	ع	ش	ح	ش	ث	ؤ	آ	ع	ة	ض	ب	ط	ة	إ	ن
آ	ل	ص	ر	ذ	آ	ق	ع	ذ	ذ	ى	ظ	م	ع	غ	ز
ى	خ	ب	د	م	د	ع	ح	ه	و	ك	ز	ت	ض	ك	ج

طوقان

52 - Geografía

غ	ر	ب	ض	ث	ض	ج	إ	ا	أ	ص	ز	ب	ل	آ	خ
ض	م	ب	ل	آ	ج	ع	ل	ر	ط	ش	ق	ت	ك	آ	ط
ف	ح	ئ	ز	و	ز	ز	ض	ت	ل	ج	ب	ن	ا	ل	ا
ي	آ	ص	م	ف	ي	ى	ظ	ف	س	ب	ل	ا	ط	خ	ل
ف	خ	ى	د	ز	ر	ح	ب	ا	ة	ل	د	س	ت	خ	ا
ز	س	و	ي	ا	ة	ه	ت	ع	ة	س	ذ	إ	ع	ك	س
آ	غ	ذ	ن	ى	ل	ئ	ن	ف	ق	ر	ش	ل	ا	ظ	ت
ك	ن	ة	ة	ض	ر	ع	ل	ا	ط	خ	ض	م	غ	ع	و
ق	ى	ف	ى	ز	ذ	ف	ا	ا	ن	ط	ئ	ك	ا	ط	ا
ب	ك	ص	خ	ج	ي	س	ج	ل	م	د	آ	ق	ل	ل	ء
خ	ك	ظ	ط	ئ	ة	ظ	ز	و	م	س	غ	ج	ا	غ	ث
م	ي	ر	ي	د	ي	ا	ن	ط	س	ي	س	ن	خ	ز	د
ث	إ	ز	ظ	ت	ذ	ص	ر	ل	ف	ق	ة	و	ح	آ	ط
ق	ا	ر	ة	د	ع	ى	ث	ا	ئ	ض	ي	ب	ح	س	ث
ز	ب	إ	ص	ئ	ل	م	ة	ط	ي	ر	خ	ج	ح	د	ى
ط	د	ا	ز	ر	ط	و	ح	خ	ح	س	ظ	ع	ع	ب	ط

بحر
ميريديان
جبل
العالمية
شمال
غرب
بلد
نهر
جنوب
منطقة

ارتفاع
أطلس
مدينة
قارة
خط الاستواء
الشرق
جزيرة
خط العرض
خط الطول
خريطة

53 - Música

ت	د	ؤ	خ	ط	ة	ق	ظ	أ	ت	م	م	ي	ت	ك	ا
ر	ة	ن	ة	ل	ح	ن	ز	إ	و	ث	ق	ت	س	ل	ل
ى	ض	ك	ي	ر	ع	ا	ش	ي	إ	ب	ب	ق	ج	ا	م
ض	ؤ	ا	ن	س	ج	ا	م	ق	ح	غ	ر	ص	ي	س	غ
ك	آ	ك	غ	ك	ح	ع	آ	ا	ئ	ئ	و	ا	ل	ي	ن
غ	ن	ى	أ	غ	ة	ت	خ	ع	و	ن	ص	ا	ص	ك	ي
ك	م	و	ض	ف	ت	ط	ر	ج	ض	ئ	ي	ل	ظ	ي	ع
م	ي	ك	ر	و	ف	و	ن	أ	و	ق	ل	إ	ف	ق	ا
ف	ت	ئ	ص	ب	ف	ج	و	ل	ث	ق	غ	ي	س	ي	ق
ا	و	ئ	ص	ح	ج	ظ	إ	ب	خ	س	ة	ق	آ	س	ي
ل	ص	ع	غ	ؤ	خ	ق	ض	و	خ	ا	ا	ا	غ	و	إ
ؤ	ئ	ض	ح	ح	ر	ح	ص	م	ي	ن	د	ع	ق	م	ت
ج	ظ	ق	ى	ر	ي	ر	و	ن	خ	ت	أ	ض	ف	ج	ص
ى	ج	ب	إ	ف	ي	ص	ع	آ	ن	م	إ	ة	ئ	ر	ا
ن	ف	غ	س	ن	ز	ص	خ	ج	ق	ى	ن	م	ت	س	إ
د	خ	ظ	ر	و	ئ	س	إ	م	ج	خ	إ	ق	ش	ئ	ص

أداة
لحن
ميكروفون
موسيقي
أوبرا
شاعري
إيقاع
إيقاعي
الإيقاع
صوتي

انسجام
متناسق
ألبوم
أغنية
المغني
غنى
كلاسيكي
جوقة
تسجيل
تحسين

54 - Enfermedad

ا	ي	ذ	آ	ج	ا	ل	ع	ؤ	ط	ن	ق	ج	ب	ع	و
ر	ل	ي	ك	ج	ل	م	ع	د	ي	ا	ز	ر	س	ت	ق
ف	ظ	ب	ب	ن	ح	آ	و	ئ	ث	ل	ز	ا	ئ	ك	ط
ن	ل	ا	ط	ي	ص	ا	ى	ؤ	ا	ت	و	م	ذ	و	آ
س	ا	ك	ق	ن	ا	ز	ض	ث	ر	ه	ئ	ذ	ر	ف	ي
ق	ل	ث	إ	ط	ن	م	ز	م	و	ا	ت	ض	ب	ذ	ى
خ	ع	ر	ذ	ق	ة	ث	ج	ل	ي	ب	ا	ل	ص	ح	ة
د	ا	ك	ل	ف	ي	م	ت	ن	ف	س	ي	ط	ش	ك	ي
إ	ف	ب	ز	ح	ث	ص	ز	ذ	ر	ي	ئ	ط	د	ؤ	س
ن	ي	د	غ	م	ا	ج	ي	ا	ق	إ	م	ع	ي	ر	ا
ن	ة	غ	ا	ق	ر	خ	خ	ح	ل	إ	ج	ظ	د	ق	س
ك	ع	ة	ز	د	و	ج	ت	د	د	ت	ر	ا	س	ل	ح
ق	ن	ض	ر	ح	ل	ل	و	آ	ذ	ح	م	م	إ	ب	ل
ح	ظ	خ	ظ	إ	ا	ي	إ	ز	ة	ش	ز	ش	ب	م	ا
ق	م	م	س	ع	ج	إ	ع	ج	آ	ى	ض	ع	ي	ف	ؤ
ج	ا	ض	ك	ر	ت	ح	ب	ي	ئ	ا	ع	ؤ	آ	ع	ي

البطن
شديد
الحساسية
العافية
معدي
قلب
مزمن
جثة
ضعيف
الوراثية

وراثي
عظام
التهاب
الحصانة
قطني
رئوي
تنفسي
الصحة
متلازمة
علاج

55 - Actividades

و	ذ	ك	ن	ش	ا	ط	ز	ا	س	ت	ر	خ	ا	ء	غ
ف	ت	ى	ط	ا	ل	ف	ر	ح	ل	ا	ي	ل	آ	ر	آ
آ	و	ل	ؤ	ل	ل	ة	ي	ر	ع	آ	أ	ق	ا	ذ	ف
آ	ا	ر	ش	ح	و	ك	و	س	ث	ل	ث	خ	ؤ	ص	ي
ئ	ل	ظ	ل	ي	ح	ا	ص	ن	غ	ض	ا	ل	ش	ح	ش
م	ت	ع	ة	ا	ة	إ	ت	ا	ض	و	ة	ط	ح	خ	ب
ي	ر	ذ	ط	ك	ع	س	ز	ص	ؤ	ض	آ	ظ	ق	س	ا
ي	ف	ظ	ا	ة	ا	ش	ؤ	ظ	م	ة	د	ف	ت	ح	ع
خ	ي	م	ي	ة	ء	ا	ر	ق	ذ	ذ	ف	ن	ف	م	ل
ت	ه	م	خ	ش	ص	ف	م	ه	ا	ر	ة	ص	ش	ح	أ
ب	ع	خ	ن	س	ة	ب	و	خ	ح	ل	ا	ص	م	ل	ا
ر	ح	س	ك	م	س	ل	ا	د	ي	ص	ذ	و	ا	س	ؤ
ئ	س	ج	ط	و	و	ة	ي	ئ	ك	ا	ك	ف	س	ف	ث
ص	ف	ك	ض	ؤ	ر	ص	ة	ش	ث	ط	ت	ج	ط	م	ن
ى	آ	ن	ص	غ	ل	ى	ظ	ى	آ	ذ	ك	ص	ط	ج	ذ
ئ	ظ	ظ	ز	ا	ن	و	ك	ح	ر	ب	ب	ؤ	و	ف	ر

نشاط
فن
الحرف
تخييم
الصيد
خياطة
تصوير
مهارة
المصالح
بستنة

ألعاب
قراءة
سحر
الترفيه
صيد السمك
اللوحة
متعة
استرخاء
الألغاز
الحياكة

56 - Verduras

ص	ر	ى	خ	ذ	ح	ت	ئ	س	ن	م	م	ز	ك	ظ	ن
ئ	ح	س	م	ؤ	ت	آ	ف	ج	ل	ط	ش	ن	ا	ي	ع
ك	ر	ف	س	د	ؤ	ء	ا	ل	ز	ا	ب	ج	ص	ى	ي
ق	ز	ت	ى	إ	ئ	م	ب	ص	ث	م	ر	ب	ل	ظ	ص
ز	ج	ط	د	ب	ن	ف	ؤ	ب	ع	ط	ج	ي	ذ	ف	س
آ	ن	ض	ح	ث	و	م	ي	ق	ج	ى	ظ	ل	ذ	ل	ب
ط	ك	ى	ز	ك	ت	ئ	و	ض	س	ز	ك	ذ	ى	ج	ى
ي	ن	ظ	ف	ص	ي	ت	س	ة	ة	ن	ظ	ظ	ض	ق	ق
ب	و	ل	ى	غ	ز	آ	ن	ي	ط	ق	ي	س	ر	ش	ف
ك	ر	ن	آ	ط	ق	ن	و	ج	ل	س	ا	ر	د	ص	ك
ى	ن	و	س	ظ	د	د	د	س	س	ا	ح	س	غ	ل	ز
ي	خ	ز	ك	ث	ث	د	ق	ح	إ	ظ	د	ب	ف	ض	ل
ل	ج	ة	ل	ل	ا	ل	ب	ط	ا	ط	س	ا	و	ق	ث
د	آ	آ	ت	ح	ي	آ	ي	ش	ش	ظ	ك	ن	ش	ي	ي
ح	ة	ض	ي	ث	ص	غ	م	ظ	ت	س	ة	خ	ر	ك	ت
ب	ا	ذ	ن	ج	ا	ن	خ	ف	ط	ر	ا	ي	خ	ع	ئ

ثوم
خرشوف
كرفس
باذنجان
بروكلي
يقطين
بصل
سلطة
سبانخ
بازلاء

زنجبيل
لفت
زيتون
البطاطس
خيار
بقدونس
فجل
فطر
طماطم
جزر

57 - Instrumentos Musicales

ي	ا	خ	م	ؤ	ج	ح	ظ	ث	د	ه	ف	س	آ	ط	ج
و	ل	ظ	ن	ن	س	ق	ئ	ف	ذ	ا	ك	ز	ب	ز	ى
غ	ت	ى	د	خ	ق	ش	ص	ة	ح	ر	ى	ل	ي	م	ل
ؤ	ر	خ	و	ط	ح	غ	ذ	ش	ج	م	س	و	ق	ا	ن
ا	و	ة	ل	ى	ي	ل	ب	ح	ى	و	ش	ل	ح	ص	ص
ك	م	ث	ي	ر	ا	ف	و	ي	ا	ن	آ	ي	ئ	ا	آ
م	ب	ب	ن	ن	و	س	ا	ب	ر	ي	ع	ش	ج	ك	ا
ا	و	ي	ق	و	ذ	ن	ب	م	ع	ك	ف	ت	م	ى	ل
ن	ن	ا	ز	ف	ف	ص	م	ب	م	ا	ج	ل	م	ة	ب
إ	ظ	ن	م	س	ح	ق	ي	و	ز	ن	ر	ا	ض	ز	ا
ا	آ	و	ذ	ك	ئ	ز	ر	ح	م	ش	ا	ت	آ	ئ	ن
د	ق	ي	ث	ا	ر	ة	ا	م	ا	م	ط	ش	ش	ئ	ج
ش	س	ص	ج	س	م	ن	م	ر	ر	ذ	ك	خ	ر	ئ	و
ص	ظ	ب	ن	ل	ة	ف	ث	ب	و	ق	ح	ل	ذ	ش	ز
إ	ح	ؤ	ك	ا	ل	م	ز	م	ا	ر	ك	ي	ل	غ	ض
ك	غ	ئ	ظ	ث	ا	ئ	ي	م	ذ	ع	ك	د	ظ	ي	ص

المزمار
دف صغير
قرع
بيانو
ساكسفون
طبل
الترومبون
بوق
كمان
التشيلو

هارمونيكا
جنك
البانجو
مزمار
باسون
ناي
ناقوس
قيثارة
مندولين
ماريمبا

58 - Flores

ي	د	ع	ئ	خ	ذ	ح	ؤ	ص	خ	س	ع	غ	ئ	ذ	ن
ا	ا	ض	ج	ا	ر	د	ي	ن	ي	ا	ة	س	ل	ه	ذ
ل	ي	س	ة	ا	ل	ن	ر	ج	س	ا	ل	ب	ر	ي	ل
س	ل	م	م	د	ر	ذ	ب	ي	ل	و	ت	د	ا	د	ف
ح	و	ش	ا	ي	ذ	ص	ا	ذ	ز	ل	ب	ب	ل	ك	ز
ل	ن	ل	ج	ى	ن	غ	ق	ب	ش	غ	ل	ظ	ف	ر	ه
ب	غ	ا	ف	ش	ن	ح	ة	إ	ق	ز	ا	ش	ا	ك	ر
ث	ا	د	ز	ل	ج	س	أ	آ	ت	ن	خ	ى	و	ل	ة
ى	م	ا	ز	خ	غ	د	ز	ز	ش	ن	ر	م	ا	ا	ا
م	ا	ب	ن	أ	ؤ	ل	ه	ز	ص	و	ض	ح	ن	ف	ل
د	ص	ع	ة	د	ر	و	ا	ش	ض	ا	ش	ش	ي	آ	ع
ي	ي	د	ع	ث	و	ج	ر	ب	آ	ك	ن	ة	ا	ر	ا
ز	ي	و	م	ش	و	ط	و	غ	ق	ل	م	ف	ز	س	ط
ي	ى	ض	ش	ة	ة	ث	ا	ء	ب	د	ن	ه	ل	ا	ف
ا	ل	خ	ش	خ	ا	ش	ب	ت	ن	ط	ة	ص	م	ط	ة
ث	ظ	غ	ق	ص	ق	ث	ؤ	و	ز	ي	ا	د	م	ط	ز

الخشخاش
الهندباء
جاردينيا
عباد الشمس
الكركديه
ياسمين
خزامى
أرجواني
زنبق
ماغنوليا

ديزي
النرجس البري
السحلب
زهرة العاطفة
الفاوانيا
البتلة
باقة أزهار
وردة
نفل
توليب

59 - Astronomía

ل	ع	ا	ع	ش	إ	ب	ع	ش	ف	ي	ب	ة	و	ف	ث
ح	و	ل	آ	ا	ق	م	ر	إ	ل	ة	أ	ع	ذ	ظ	ف
ك	ب	ك	و	ك	ل	ش	ل	ش	آ	ح	ع	ر	م	ح	ؤ
ض	ا	و	م	ت	ا	م	ج	ا	ذ	ب	ي	ة	ض	م	ص
ع	ر	ي	ج	آ	د	ي	س	م	ا	ء	ك	و	ن	ف	ا
ؤ	ق	ك	ط	ك	ت	د	ض	ل	ن	س	ؤ	ؤ	خ	ل	ر
ظ	م	ب	ك	ك	ع	س	ن	غ	ؤ	ر	م	ؤ	ع	ك	و
ز	ن	م	و	ن	ا	ك	ل	ض	ن	ق	ف	د	آ	ي	خ
ت	ي	ر	ك	س	ل	ئ	س	ح	ة	و	ئ	و	ح	ص	ي
ش	ز	ص	ب	ؤ	ا	م	خ	و	ي	غ	غ	ح	ط	ا	ض
ظ	ك	د	ة	ص	ن	ص	آ	ا	ف	و	ن	ر	ب	و	س
س	ز	ك	ص	ن	ك	ع	غ	ف	ق	ك	ظ	ح	آ	خ	ن
ر	ا	ئ	د	ف	ض	ا	ء	ؤ	ب	ك	د	ذ	ت	غ	ح
ج	آ	ر	ظ	ف	ة	ل	ح	ي	ج	م	ر	ث	ى	ي	س
م	ك	ظ	ذ	ت	ذ	ى	خ	ظ	ث	ط	ث	س	ى	خ	ح
ب	خ	ئ	ش	خ	و	ق	غ	ط	خ	ج	ة	ج	ذ	خ	ؤ

الكويكب
رائد فضاء
فلكي
سماء
صاروخ
كوكبة
عالم
كسوف
الاعتدال
جاذبية

قمر
نيزك
سديم
مرصد
كوكب
إشعاع
سوبرنوفا
مقراب
أرض
كون

60 - Tiempo

س	ض	ف	ة	ذ	ع	إ	ن	ؤ	ر	م	ك	ى	ا	ت	ش
ص	خ	س	س	د	ق	ل	خ	و	ت	م	ع	ع	ق	ز	ي
ك	ض	آ	و	ج	و	غ	ذ	د	أ	س	ب	و	ع	ئ	غ
م	ت	ى	ض	ظ	ص	ى	ى	م	ى	س	ي	آ	ق	ا	ض
ا	ل	ع	ق	د	س	ن	و	ي	و	م	غ	إ	ل	ر	آ
ض	ي	س	ق	ت	ش	ظ	س	ث	ل	أ	ظ	ل	ب	ئ	ت
د	خ	ي	ل	ي	ز	ف	ج	و	غ	ة	ي	ب	ق	ش	س
ج	ق	ف	ث	م	ة	غ	ع	ق	ص	ل	ز	ش	ت	ه	ك
ة	ظ	ن	ي	ى	ل	ب	ق	ت	ب	ا	ي	ك	س	ر	ن
ن	ق	ب	ؤ	م	ب	ك	ر	ا	ا	ل	د	ا	م	آ	ا
س	ز	ر	ف	آ	ر	ئ	ت	ل	ح	آ	غ	س	ص	ر	ف
ز	س	غ	ص	ش	د	ت	ظ	ظ	غ	ن	إ	ق	ي	آ	ع
خ	خ	ج	خ	ل	ف	ض	د	ه	ج	ر	ن	ا	ح	ط	ح
م	و	ي	ل	ا	ظ	آ	ص	ي	آ	ق	ة	إ	ب	و	ى
آ	م	إ	ص	إ	ؤ	خ	ع	ر	ل	ح	ظ	ة	ع	ا	س
ي	م	ض	غ	ج	ؤ	و	ز	ة	ض	ن	ة	ذ	ق	ن	ذ

الآن
قبل
سنوي
سنة
أمس
تقويم
العقد
يوم
مستقبل
ساعة

اليوم
صباح
وقت الظهيرة
شهر
دقيقة
لحظة
الليل
أسبوع
قرن
مبكرا

61 - Paisajes

ل	ا	ج	و	ن	ا	ك	ر	ب	س	ش	و	ء	ن	ش	و
ا	ر	ت	ص	ب	ع	ى	غ	ل	خ	و	ع	ا	ف	غ	و
ل	د	س	د	ن	ة	ي	ذ	ث	ا	ص	ز	ر	ح	ع	غ
ش	ن	د	ي	ل	ج	ل	ب	ج	ن	خ	ح	ح	ا	ة	غ
خ	ت	ع	د	إ	ل	ص	ص	ح	و	إ	آ	ص	ل	ر	إ
ع	ر	ئ	ا	ص	ك	ى	م	غ	ر	غ	ع	ط	غ	ي	ك
ك	ه	ف	و	س	ص	ى	ز	ي	ب	ه	ق	ر	ش	ح	ب
ئ	ص	م	ظ	ى	خ	ط	و	آ	ز	ى	ن	ع	ا	ب	ك
غ	ج	ة	ق	ا	ى	ئ	ع	ن	د	ز	ت	ر	ط	خ	و
ط	آ	ا	ز	ش	ج	ز	ي	ر	ة	ع	س	ح	ئ	ع	د
ل	د	ئ	ف	ص	ح	ج	ص	ط	ط	ى	م	م	ث	ئ	ح
ث	ط	ب	ة	ش	ئ	آ	ى	س	ث	س	ى	ث	غ	ظ	ن
آ	ى	خ	ط	م	ل	إ	ح	ج	ل	م	ف	ل	ش	ت	ز
خ	ث	ر	ب	م	ت	ص	إ	ج	ب	ل	ل	ج	ث	س	ح
آ	إ	ذ	ص	و	ث	ق	خ	ت	ث	ج	ك	ة	ش	إ	ئ
ش	ب	ه	ج	ز	ي	ر	ة	ظ	ل	ؤ	ص	إ	ث	ز	و

شلال
كهف
صحراء
مصب
سخان
مثلجة
جبل جليد
جزيرة
بحيرة
لاجون

بحر
جبل
واحة
مستنقع
شبه جزيرة
شاطئ
نهر
تندرا
وادي
بركان

62 - Días y Meses

إ	ب	ض	و	ش	أ	آ	س	ش	د	ت	ة	ض	إ	ج	س
ح	ر	ل	ث	ص	ب	ر	ى	ة	ز	د	ق	ظ	ف	ظ	ظ
ا	ل	أ	ح	د	ر	ب	م	ف	و	ن	ع	و	ب	س	أ
س	ط	غ	ذ	ز	ي	آ	ك	ج	ع	ي	إ	ى	ي	ل	ا
ط	ل	إ	خ	ت	ل	ا	ل	أ	ر	ب	ع	ا	ء	م	ل
ب	غ	ر	ب	م	ت	ب	س	ط	س	غ	أ	ك	ا	غ	ج
ن	ر	ي	ي	ع	ظ	ل	ا	ن	ف	ل	ر	ئ	ث	ذ	م
ا	ب	ا	ع	ا	ر	آ	ل	ي	ة	ا	غ	ئ	ا	ى	ع
ة	ث	ر	ط	إ	ن	ص	س	ن	ش	ا	ظ	ل	ل	ح	ة
ل	ئ	ب	غ	ي	ر	ي	ب	ث	ث	ل	ط	ف	ث	م	ر
و	م	ف	ق	خ	ص	خ	ت	ا	إ	خ	ج	ع	ل	آ	ي
أ	ك	ت	و	ب	ر	ى	ا	ل	د	م	ث	غ	ا	ظ	و
ث	ظ	د	ت	ث	ص	ى	ى	ا	ا	ي	ى	ا	ض	م	ل
ي	و	ن	ي	و	ئ	ز	و	ض	ف	س	ط	ذ	م	غ	ي
غ	ذ	ك	ل	ل	ح	ح	ز	ف	ث	ك	د	ى	ي	ؤ	و
ط	ك	م	م	ق	ط	ص	ا	ش	س	ث	غ	ش	ه	ر	ل

أبريل
أغسطس
سنة
تقويم
الأحد
يناير
فبراير
الخميس
يوليو
يونيو

الاثنين
الثلاثاء
شهر
الأربعاء
نوفمبر
أكتوبر
السبت
أسبوع
سبتمبر
الجمعة

63 - Biología

ى	ت	ح	ي	ث	ة	ت	ن	إ	ى	ا	ت	ئ	ث	ؤ	ت
ي	ك	ن	ق	ئ	ك	ب	ش	م	ل	ا	ص	ع	ف	د	ى
د	ا	ج	ن	ي	ن	خ	ر	و	ط	ت	ص	ث	ت	ش	ن
ح	ف	غ	ك	ع	ف	ة	م	و	س	و	م	و	ر	ك	غ
ث	ل	ز	ج	ت	ش	ر	ي	ح	ت	ث	ي	ئ	ل	ئ	ق
س	ظ	ب	ب	ص	ل	ل	ف	ل	ز	ي	ع	ي	ب	ط	ج
ا	ل	ث	د	ي	ي	ا	ت	ظ	خ	ع	ن	و	ب	ص	ع
ي	ر	د	ج	خ	م	ي	ز	ن	ا	ص	ؤ	إ	ا	ؤ	ا
ط	ف	م	ض	ك	ي	ر	ت	ب	ن	ب	ت	ن	ا	ض	ج
ة	ف	ر	ك	خ	ز	ي	ش	ا	و	ك	م	و	ك	ة	غ
ش	ر	ر	ز	ث	ق	ت	د	ت	ص	ؤ	ن	م	و	ر	ث
م	إ	ل	ة	ي	و	ك	ئ	ا	ش	ز	ي	ر	ف	غ	ظ
خ	ج	إ	ل	ؤ	خ	ب	آ	ت	ز	ل	ر	ه	ذ	غ	ش
ا	ل	ك	و	ل	ا	ج	ي	ن	ر	ص	ش	ئ	ل	ن	آ
ى	ا	ل	ز	و	ا	ح	ف	ج	إ	ح	ج	ص	ظ	د	د
ر	س	ذ	ج	ر	غ	غ	ع	ت	ن	ض	ج	ت	ك	ض	خ

تشريح
بكتيريا
خلية
الكولاجين
كروموسوم
جنين
انزيم
تطور
هرمون
الثدييات
طفرة
طبيعي
عصب
عصبون
تناضج
نباتات
بروتين
الزواحف
تكافل
المشبك

64 - Jardinería

ض خ ئ ح ن ي ط م غ غ ة ث ت و ؤ و
ب ا ر ت ل ا و ك ظ ف ط ج ر ز ه ر
س ر و ذ ب س م ل ذ ع ث ض ب ر ذ ق
غ ط ج ق م ب ف س م ا د خ ة ط آ ة
ض ت ح ي س س ف د ز و ع ا ء ش ظ ب
ة ض ب ز ز ت ت إ ؤ ن ل ن ا ن ط و
ى ئ خ ر س ا ظ ى ز أ ك م م ع إ ط
ش ة ؤ ث غ ن ى د ز ل أ و و ب إ ر
ع ج ض ج ر ل س ه ذ ا ل ئ ى ز ص خ
س آ خ ب ل ظ ا آ ر ش ل ة ت خ ا ر
ز ل س ب م ر ذ ق ع خ ح ص خ ر ن ط
ر ج ش ل ا ق ا ر و أ ل ن ت ب ز و
ي ط ن ب ا ق ة أ ز ه ا ر ا ذ ش م
ب ي ر غ ج ج ض ص ة ح ص ت ح س ع ن
ث و س ح آ ص ت م ظ ح ي ر م ش ا ث
ى آ ؤ ط و ؤ د ئ ش ب ع ض آ ز ذ ح

الأزهار
أوراق الشجر
ورقة
بستان
رطوبة
خرطوم
باقة أزهار
بذور
التراب
تربة

ماء
نباتي
مناخ
صالح للأكل
سماد
وعاء
الأنواع
موسمي
غريب
زهر

65 - Barbacoas

ر	غ	ي	و	ا	ع	ش	ا	ء	ف	ف	ل	ف	ل	ج	ع
م	ئ	د	ى	ش	ل	ق	ق	ع	ا	ي	ض	ب	ح	س	ق
ن	ا	ب	ا	ع	ل	أ	ق	ج	ك	ص	ح	ذ	ح	و	ت
و	ب	ب	ق	ء	ق	ج	ط	د	ه	خ	ا	ى	د	ة	ر
ظ	ى	ذ	س	ح	ذ	ى	ا	ف	ة	ز	ر	ن	ق	ث	ح
ث	ب	ع	ط	إ	ة	ض	ى	ع	ا	إ	و	خ	ب	و	ج
إ	ق	ض	ت	ى	ئ	ط	ك	ن	ف	ل	إ	ر	ن	ح	ب
ض	ة	خ	ذ	ق	ب	ص	ل	ا	ل	س	ل	ط	ا	ت	ا
م	س	ع	أ	ي	ط	ظ	ش	ا	ث	ذ	ر	ل	ش	ت	ح
ل	ك	ئ	ط	س	ز	ت	ث	خ	ف	ط	م	ل	ع	ز	ي
ح	ا	ت	ا	و	ر	ض	خ	ك	ة	س	ق	ج	ل	د	ر
ج	ك	ك	ط	م	ة	ة	ص	ل	ص	ش	ح	ذ	ف	آ	ئ
و	ي	م	ى	ط	خ	ي	ع	ة	ظ	ط	د	ش	ص	ظ	غ
ع	ن	ث	ز	ا	ك	ا	و	ض	ك	م	ز	ى	ة	ئ	و
د	ج	ا	ج	م	آ	و	م	ن	و	ط	د	ق	ى	ت	س
ا	ب	ا	ة	ط	إ	ش	ج	ر	آ	غ	ض	ب	غ	غ	ض

موسيقى
الأطفال
شواية
فلفل
دجاج
ملح
صلصة
طماطم
صيف
خضروات

غداء
حار
بصل
عشاء
سكاكين
السلطات
أسرة
فاكهة
جوع
ألعاب

66 - Ropa

ق	ى	ض	ث	ب	ص	ش	ن	ض	د	غ	آ	ى	ث	س	ر
ص	ف	ظ	خ	ص	ب	ح	ؤ	ش	و	ئ	ل	ظ	ج	و	و
ي	ح	ا	ش	و	ن	ا	ت	س	ف	ب	ب	ح	ب	ا	ط
م	ى	ر	ز	ئ	م	ا	ز	ح	خ	ل	ش	ؤ	ؤ	ر	ج
ق	ت	ج	ت	ا	س	ح	د	ن	م	و	ن	س	ا	ب	ل
ي	ب	و	ث	ز	ت	ا	ة	ل	خ	ز	س	د	ت	ي	م
ق	ز	ع	م	ج	و	ه	ر	ا	ت	ة	ر	ت	س	ل	ا
ل	ذ	ر	ة	ر	و	ن	ت	م	ع	ض	و	إ	ض	ذ	ص
ا	و	ز	ح	ج	ذ	آ	س	ش	ب	و	ا	خ	ش	ض	م
د	ل	ج	ة	ك	غ	ا	د	ب	ص	م	ل	ظ	ص	ظ	ئ
ة	إ	ف	ق	ع	ت	م	ض	ح	ش	غ	ئ	ض	إ	ا	ف
ش	ع	ف	ط	ح	ن	آ	ا	ئ	غ	ظ	ض	ق	ي	ن	ذ
ح	ث	ص	ى	ث	غ	ة	ش	ن	ؤ	ى	ظ	ز	ن	ض	غ
ذ	ئ	ى	خ	ع	ض	ة	ل	ع	ئ	ى	ي	غ	ض	ز	ح
ا	د	ت	ش	ظ	إ	ق	آ	ز	ة	ق	ك	ز	ف	ح	ط
ء	غ	ش	ظ	ن	ت	ض	م	و	ت	ت	س	م	ع	ط	ف

مجوهرات
موضة
سروال
لباس نوم
سوار
صنادل
قبعة
سترة
فستان
حذاء

معطف
بلوزة
وشاح
قميص
السترة
حزام
قلادة
مئزر
تنورة
قفازات

67 - Meditación

إ	ف	ز	ه	ا	آ	ى	ر	ا	ك	ف	أ	ر	ك	ش	ع
ر	ح	د	ا	ل	ي	ي	ل	ق	ع	ط	ر	ع	ص	ط	آ
ة	و	ش	ب	م	ج	ك	ق	ا	ل	م	و	ق	ف	م	ي
ء	ض	ي	ت	ر	ؤ	ى	ع	ك	ظ	ح	ظ	آ	ط	ي	ع
ث	و	ح	ن	ا	ؤ	خ	ا	ي	و	ف	ن	ح	ا	م	ظ
ج	ؤ	ف	ا	ق	ى	ى	ل	ل	ل	ن	م	ك	و	ئ	ط
ط	ا	ة	ث	ب	ئ	ح	ل	ق	ب	و	ل	س	ع	ا	ط
ك	ث	ي	ي	ة	ا	ئ	ط	د	س	ل	ا	م	ل	ف	ص
ظ	ش	و	خ	ش	ظ	إ	ف	ي	ف	ظ	خ	ص	ا	ش	ي
آ	ض	ت	م	ص	ل	ا	ق	ت	ن	ذ	د	ن	ج	ح	ك
ط	ط	ط	آ	ذ	ز	ى	ث	ر	ت	ز	ج	ك	ح	ر	إ
ب	ن	ى	غ	غ	ص	ع	ي	إ	ل	ف	ئ	ا	ص	ك	خ
ي	ج	س	ض	ة	ض	ح	ش	ف	ا	ز	د	ب	ظ	ة	ي
ع	آ	ث	ي	ز	ة	ط	ئ	آ	ك	ي	ز	ة	ط	س	إ
ة	ف	ئ	ا	و	ك	ذ	ز	س	ش	غ	ع	غ	م	س	ف
م	آ	ؤ	د	ا	د	د	ق	ث	د	ج	ى	ع	م	م	ؤ

حركة
موسيقى
طبيعة
المراقبة
سلام
أفكار
المنظور
الموقف
التنفس
الصمت

قبول
انتباه
اللطف
هدوء
وضوح
عطف
العواطف
شكر
عقلي
عقل

68 - Café

ر	آ	ك	ك	و	ب	و	ر	ش	م	ء	ا	م	ؤ	و	ق
ئ	ث	ة	ذ	ؤ	آ	ن	ح	ذ	ي	ث	ص	آ	ر	ط	ى
غ	ر	س	ن	ئ	د	ث	غ	ف	ر	ر	ة	ه	ك	ن	ض
ق	ى	ى	آ	د	و	ب	ر	ا	ك	ف	د	ؤ	س	ع	ي
و	ث	ا	و	آ	ز	و	ظ	ف	ض	ل	ص	أ	ل	ا	ب
ح	ل	ي	ب	ى	د	س	ا	ل	أ	س	و	د	ا	ي	ع
ش	ك	و	م	ك	إ	ق	ى	ت	ئ	ن	ق	ف	خ	ض	ب
ش	غ	ش	ي	ا	ب	آ	ؤ	ر	ا	ا	و	ذ	ن	ح	ت
ن	ي	م	ك	ف	ت	ق	آ	ن	ت	س	س	خ	س	م	إ
ح	م	ض	ي	ي	ع	و	ؤ	و	ؤ	و	ر	ذ	ص	ق	ا
ط	ض	ث	خ	ي	ر	ق	ك	غ	ى	ع	ذ	ش	ب	ي	ط
ج	ض	ض	ب	ن	ص	ف	ش	ح	ق	ك	د	ف	ا	ن	ف
ن	ص	ث	ط	و	ع	ئ	ت	غ	آ	ن	ع	د	ح	ص	س
ة	ئ	خ	ئ	د	إ	إ	ؤ	م	م	ا	ج	ش	و	ل	ن
ج	ط	ر	م	غ	ع	ئ	و	ق	ة	ر	ع	ي	ظ	ع	و
ظ	ؤ	ب	ض	ؤ	ؤ	ف	ك	ك	ر	ا	ة	ة	ظ	ع	ع

ماء
مر
مشوي
السكر
حمضي
مشروب
كافيين
كريم
فلتر
حليب

سائل
صباح
طحن
أسود
الأصل
ثمن
نكهة
كوب
نوع

69 - Libros

ا	ف	ظ	ب	ى	ح	س	إ	ر	ى	ر	ب	خ	ح	ش	ظ
ت	ل	س	ي	ا	ق	ا	ل	ك	ل	ا	م	ر	إ	إ	ك
ج	ؤ	ا	ي	م	د	ط	خ	ة	د	ت	س	ل	س	ل	ة
ة	م	ع	ز	ع	غ	ز	ش	ك	إ	م	ح	ؤ	ى	ظ	إ
أ	د	ب	ي	د	ب	ا	م	ج	م	و	ع	ة	ح	ف	ص
ش	ع	ر	ر	ب	و	ي	م	آ	ب	س	ث	ل	ذ	ط	س
ع	ذ	ز	ئ	م	ت	ا	د	ر	ظ	ق	ص	ة	ا	آ	ق
د	ق	ؤ	ج	ش	ك	ؤ	ج	ذ	ة	ق	ت	ب	ت	ك	ة
ص	ا	ؤ	ع	ل	م	ر	ن	ي	ن	ت	س	ا	ا	ز	ظ
ب	ر	ح	ر	ل	ح	ة	ش	و	ة	ذ	ى	ع	ل	ل	م
ا	ئ	ن	ز	و	آ	ح	ي	ا	د	ي	ظ	د	ص	ب	أ
ص	ك	ص	آ	ي	ا	ظ	ف	ر	ي	آ	ز	ل	ل	ر	س
ت	ا	ر	ي	خ	ي	ي	م	ل	ص	ئ	ح	ا	ة	ر	ا
ج	س	ظ	د	ق	غ	ي	ة	ا	ق	ج	ة	ح	خ	م	و
ع	ق	ع	ب	ى	ي	ث	ت	ع	ش	ج	د	و	و	ت	ي
ق	ا	و	ؤ	ق	ئ	ع	ئ	و	ك	ص	د	ر	ج	ذ	م

مؤلف
مغامرة
مجموعة
سياق الكلام
الازدواجية
مكتوب
قصة
تاريخي
روح الدعابة
مبدع

قارئ
أدبي
الراوي
رواية
صفحة
ذات الصلة
قصيدة
شعر
سلسلة
مأساوي

70 - Los Medios de Comunicación

ا	ئ	ف	ة	م	ا	ع	ب	ن	ؤ	و	ن	آ	ب	س	ر
ا	ل	ك	ط	ح	ا	ل	إ	ص	د	ا	ر	ص	ا	ط	ق
ي	ل	م	غ	ل	د	ذ	آ	ف	آ	ج	ذ	ر	ل	غ	م
ك	ذ	ت	ج	ي	ت	ل	ف	ز	ي	و	ن	ا	ا	ف	ي
ر	س	ز	م	ل	ص	ج	ت	ر	ح	ا	ك	د	ت	ل	ا
ش	آ	د	ا	و	ا	آ	ظ	م	ة	ن	ت	ي	ص	م	غ
س	ب	ك	ف	ح	ي	ت	ذ	ع	ض	ة	ظ	و	ا	س	ش
ح	و	ك	د	ل	ا	ل	ث	ى	ا	ك	ح	ئ	ل	ط	خ
ت	غ	ى	ة	ع	ا	ن	ص	ؤ	ض	ب	ق	ا	ا	ذ	ظ
ص	إ	ي	ر	ا	ج	ت	ئ	ت	ت	ش	ا	ل	ت	ؤ	ذ
ظ	ص	أ	ؤ	ب	ل	ؤ	م	ة	ث	ل	ئ	ص	ش	ب	ث
ة	ة	ر	ؤ	ف	ق	ا	و	م	ل	ا	ق	و	ق	و	آ
ر	ت	ك	ح	ح	ض	ف	ت	ك	ظ	ى	ذ	ر	آ	د	ب
ف	م	س	و	ص	ع	خ	ر	ص	ا	ل	ف	ك	ر	ي	ة
ي	د	آ	ض	ل	ك	ل	و	ق	ا	ع	ت	ع	ل	ي	م
ى	م	خ	ا	ا	ش	ز	ؤ	ئ	ن	ل	ز	ص	ش	خ	ز

صناعة
الفكرية
محلي
رأي
الصحف
عام
راديو
شبكة الاتصال
المجلات
تلفزيون

المواقف
تجاري
الاتصالات
رقمي
الإصدار
تعليم
على الشبكة
التمويل
الصور
حقائق

71 - Nutrición

ت ت ا ا ل ة ح ق ث ئ ف ح ص ا ا ص
خ س ل ل ا د ؤ ر ه ض م ا ل ص ل ح
م ذ ب ص ا ل م غ ذ ي ل ك إ ل ع ي
ي ج ر ح ؤ ن ك ه ة ح ر ف ؤ ص ا ة
ر ك و ة د ط ح ح ل ب م آ ب ة د م
ي ل ت ى غ ل ف ل و و ص س و د ا ت
ش ه ي ة ز ذ أ ه ط ب و ض ا و ت و
ي ن ن ا غ ك ي ش ف ح ز ؤ ش ج ز ا
ض ل ا د ل د ر ل ك ل ن آ ي د ش ز
ك ع ت ة ر س ر ت س ا ي آ و و ط ن
ر ل و ا ص ؤ ا ا ع إ م ل ص ش ي إ
ف ط ت ة ب و م ك ب ث ا ى د ج ت ث
ز ق ؤ ق ي س ت ف ط و ت د د ي و ت
ق ى ق آ ج ة ن و ن غ ي ع ل ن غ ا
ف م ى ع ف غ ي آ ب ق ف إ ف ؤ ج ض
ض خ ن ت ة ع ف ب ى ت ف ي ش م س ع

العادات
المغذي
وزن
البروتينات
نكهة
صلصة
الصحة
صحي
سم
فيتامين

مر
شهية
جودة
الكربوهيدرات
الحبوب
صالح للأكل
حمية
هضم
متوازن
تخمير

72 - Edificios

ص	ص	ب	س	ف	ص	و	ب	ع	ل	م	غ	ش	ط	ش	إ
و	ة	ع	ل	ق	ع	ص	ح	ر	س	م	ض	ج	إ	ئ	س
م	ر	ص	د	خ	ل	ت	ق	ب	ج	غ	ؤ	ع	ا	إ	آ
د	ا	ج	ب	ص	ئ	ب	ف	ت	ا	ؤ	ر	ض	ب	ظ	آ
ى	ف	ش	ت	س	م	ص	د	خ	ر	ش	ز	ج	ظ	ؤ	ة
ي	س	ج	ف	ز	ط	ف	خ	م	ك	ؤ	س	ظ	م	ب	ذ
ط	ل	ة	ل	م	ل	م	ؤ	ض	ع	ظ	ع	ض	د	ظ	ف
ر	ا	ج	آ	ص	و	م	ت	ح	ف	ع	ث	خ	ر	ت	ل
ف	ن	ل	ز	ن	ل	خ	و	ك	ل	ت	ن	ض	س	ى	ن
ط	ض	ؤ	خ	ع	ئ	ن	ظ	ش	ر	م	ج	ة	ة	ث	ق
ح	ظ	ي	ر	ة	س	آ	ئ	ب	م	ا	ش	خ	آ	ا	ص
و	ذ	ح	ف	ن	ي	ش	خ	ك	ص	ظ	م	ق	د	ن	ف
ج	ظ	ظ	خ	س	ن	ظ	ج	ا	م	ع	ة	ر	ة	ذ	ظ
م	ز	ر	ع	ة	م	ع	إ	ط	ظ	ة	غ	ي	ب	إ	م
ظ	ئ	ظ	ض	إ	ا	إ	ع	د	ط	د	ض	ئ	آ	و	ئ
س	ذ	ث	ظ	آ	س	ؤ	م	غ	ص	ز	ق	ت	ح	ئ	س

نزل
شقة
قلعة
سينما
السفارة
مدرسة
ملعب
مصنع
كراج
حظيرة

مزرعة
مستشفى
فندق
مختبر
متحف
مرصد
سوبر ماركت
مسرح
برج
جامعة

73 - Océano

ئ	ؤ	ش	ج	ق	ا	م	ت	ا	خ	ك	ل	غ	ل	ز	ا
ث	ج	ص	ا	م	ط	ل	ا	ن	ج	ع	ط	س	إ	ل	ع
ي	ث	ر	و	ح	ص	ح	ؤ	إ	ك	ص	ذ	س	ط	ي	ؤ
ي	ب	ظ	م	ا	ع	ل	ط	ي	م	ي	ط	ح	آ	ى	ع
ح	ك	ض	أ	ر	ة	ث	خ	ر	ت	ك	ا	ى	ض	و	ا
ن	ط	ع	ج	ا	ل	م	د	و	ا	ل	ج	ز	ر	ف	و
ط	إ	ق	ن	د	ي	ل	ا	ل	ب	ح	ر	ج	ئ	ل	ا
ر	ك	ب	ت	ق	ن	ظ	ف	ر	ل	ظ	ث	ؤ	ة	ل	ة
ق	ت	آ	ح	و	ت	ر	ي	ر	ب	م	ج	غ	م	ش	و
ث	ر	د	ب	ع	و	ي	ع	س	إ	ك	ذ	ر	ك	م	س
ع	س	ر	ط	ا	ن	ح	إ	س	ف	ن	ج	إ	ر	ئ	ئ
ب	ح	ج	ن	ط	ة	خ	ز	ل	ة	ا	ع	م	س	ز	ك
ا	ل	ش	ز	د	و	ل	ف	ي	ن	ط	و	ب	ط	خ	أ
ن	ز	ث	ي	ى	ى	س	ل	ح	ف	ا	ة	ف	ص	ا	ع
ل	ص	ت	ث	ر	ن	ع	ل	ش	ر	ق	ئ	خ	ذ	ق	ظ
ش	ق	ل	ي	د	ك	ر	ئ	ف	ص	ؤ	ع	ئ	ظ	ق	ك

المد والجزر
قنديل البحر
أمواج
محار
سمك
أخطبوط
ملح
قرش
عاصفة
سلحفاة

الطحالب
ثعبان
تونة
حوت
قارب
جمبري
سرطان
المرجان
دولفين
إسفنج

74 - Ciudad

م ط ع م س ك ص آ غ ذ ث و و ذ ظ ظ
ض ض خ ئ ا ك ل ة ع م ا ج ب خ ك ث
ن ب س ب ر و ه ز ق س ن م ق د ن ف
ز ج و ئ ا ت ع و ز ص و ب ث د ب و
ل ر ب ر ط ض ز ف ض ح ى ط ظ ع ز و
خ ط ر ض م ل ي ش ك ؤ ؤ ي م ت ح ف
ى ذ م ب ع ل م غ ز ت م م ع ر ض ؤ
س ض ا ة ي آ ا آ ا م ن ي س د ط ر
ك ا ر ش ث د م ل ي ز د م ة ق ئ ئ
ف س ك ز س خ ط ث خ ض ص ا ر ت ذ ق
غ ت ت ب ج خ ظ ة ث ت ي ر ق و س إ
ب ف آ آ م ع ش ؤ ش م د ر س ة ح ع
ف خ ط خ ز ي ع ر ش ئ ل ط ب إ ي ا
ش ث ئ ؤ د ا ة ث ؤ إ ي ت م و ا آ
ز م خ ض ج د م ك ت ب ة م ل ع إ ا
ظ ح د ي ق ة ح ي و ا ن ن ل ت خ س

مطار
بنك
مكتبة
سينما
عيادة
مدرسة
ملعب
صيدلية
منسق زهور
معرض

فندق
سوق
متحف
مخبز
مطعم
سوبر ماركت
مسرح
خزن
جامعة
حديقة حيوان

75 - Agronomía

ع	ف	د	ض	ا	ص	ع	ت	ط	ذ	خ	ص	ك	ن	د	ص
إ	ق	غ	س	ئ	ة	ف	ي	إ	ج	ت	ص	ر	ي	خ	م
د	ا	ل	أ	ن	ظ	م	ة	ا	ل	أ	م	ر	ا	ض	ا
ق	ر	ت	ك	ة	ر	ج	ق	ذ	و	م	س	ث	س	ر	ء
ظ	ل	ا	و	ك	ن	ؤ	ا	ب	خ	ب	ز	ل	ع	ذ	إ
ى	ز	و	س	إ	م	ر	ط	ع	ض	و	ي	إ	ف	ع	ت
ذ	ظ	ر	ب	ة	و	ذ	ظ	م	إ	و	ئ	ن	ه	ل	غ
ز	خ	ض	خ	ز	ر	ا	ع	ة	س	و	م	ت	و	م	ز
ق	ظ	خ	ف	ق	خ	ح	ض	م	ة	ت	ظ	ا	ي	ا	ا
ى	ض	ص	ع	ر	ئ	س	ت	ئ	ض	ي	د	ج	ة	ل	ج
ئ	ن	د	ل	و	ل	ع	آ	ئ	ة	ت	ث	ا	س	ب	ل
ا	خ	ب	م	ي	ظ	ك	ك	غ	ر	ب	ة	ي	م	ي	آ
ز	ك	ف	ا	غ	ج	إ	ل	ش	م	ن	خ	ب	ك	ئ	ل
ى	آ	س	ؤ	ت	ط	ا	ل	ت	ل	و	ث	ذ	ل	ة	ع
ع	م	ن	ئ	ف	ا	ؤ	ظ	ا	ل	ئ	ت	و	ت	ط	و
ز	ص	ي	خ	ة	ض	ت	ؤ	س	م	ا	د	ر	ع	ظ	ث

زراعة
ماء
علم
التلوث
نمو
علم البيئة
طاقة
الأمراض
تآكل
دراسة

سماد
هوية
عضوي
نباتات
إنتاج
قروي
بذور
الأنظمة
مستدام
خضروات

76 - Actividades y Ocio

ل	ع	ج	ة	ق	ا	ز	ب	س	ت	ن	ة	ك	ف	ح	د
د	ة	ا	ل	ل	و	ح	ة	س	ي	ف	م	ي	ي	خ	ت
ا	ل	ت	س	و	ق	ف	ط	ز	غ	ئ	ك	ك	ى	ا	ط
ف	د	ف	ل	س	ذ	ر	إ	ا	ب	ؤ	ا	ش	ظ	آ	ذ
ك	ر	ة	ا	ل	ق	د	م	ح	ذ	ش	ل	ص	ئ	إ	ب
م	ر	ط	ة	و	ا	ك	ط	ج	ن	م	ؤ	ج	ي	ي	ل
س	ث	ر	ر	ب	س	ب	ط	ة	ي	ة	ح	ب	ي	ق	آ
ل	ى	ئ	ك	س	س	د	ة	ف	ذ	ش	د	ث	ى	ط	ج
ا	ك	ت	ق	ي	ف	ض	ك	ت	س	ط	ش	ا	م	ص	ع
د	إ	ن	ض	ب	غ	ص	ص	م	ت	ب	ج	ن	و	ا	ش
ي	د	س	ئ	ؤ	ف	ف	د	و	ض	ن	و	غ	ج	ن	ر
ص	ع	ل	ك	ك	ح	آ	ب	س	خ	ك	ل	ط	ش	م	و
ي	ا	و	ت	ا	ي	ا	و	ه	ل	ا	ف	ص	ص	ئ	إ
ظ	ؤ	ة	ح	ا	ب	س	ء	ا	خ	ر	ت	س	ا	ل	ا
ر	م	خ	ا	ة	ر	ئ	ا	ط	ل	ا	ة	ر	ك	ل	ا
ا	إ	ا	ب	د	ى	ض	ر	ش	و	د	ع	ش	ض	م	ن

جولف
بستنة
سباحة
صيد السمك
اللوحة
الاسترخاء
تصفح
تنس
السفر
الكرة الطائرة

الهوايات
فن
كرة السلة
بيسبول
ملاكمة
الغوص
تخييم
سباق
التسوق
كرة القدم

77 - Ingeniería

د	ق	ث	ح	د	ذ	ز	آ	ن	ك	ئ	ج	ا	س	إ	ر
ح	ح	ك	ر	ز	ع	م	ح	و	ر	ن	ب	ئ	ط	ص	ع
ط	إ	ق	ج	ك	آ	س	ذ	ا	ح	ت	ك	ا	ك	ى	ظ
ي	ص	ذ	خ	ل	ق	ط	ر	س	م	ب	ي	ا	ن	ي	إ
ط	ا	ق	ة	ف	ل	ق	ط	ق	ب	ا	ع	ء	ا	ن	ب
ذ	ع	ي	ز	و	ت	م	ت	ش	ج	س	ع	ف	د	ل	ا
س	ى	ط	ر	س	ر	ع	ع	ط	غ	ح	ؤ	ة	و	ك	ك
ى	ص	ق	ا	ل	ل	ف	و	ح	س	ق	ق	و	إ	ز	ا
ص	ط	ذ	ا	ن	آ	ى	ث	ث	و	ي	ش	ي	ف	ل	ض
د	ج	م	ظ	غ	خ	ت	ا	ب	ا	ا	ا	ق	ع	ب	ؤ
ت	ف	ج	ح	ر	ث	ث	ق	ث	خ	س	م	ت	ي	م	س
ض	ح	ز	ظ	غ	ض	س	و	إ	ر	و	ل	ع	إ	ل	س
ث	ؤ	ج	س	ر	ت	ا	ة	ق	خ	ا	س	ت	ئ	إ	ه
ت	م	ؤ	ع	ص	ؤ	ئ	ح	ا	ت	م	ى	ة	ز	ة	ي
ل	ظ	آ	ل	ؤ	ة	ل	ؤ	ث	ز	ة	ي	و	ا	ز	ك
ئ	ت	ب	ى	ذ	ت	ف	ي	ظ	غ	ط	إ	د	ي	ز	ل

زاوية
حساب
بناء
رسم بياني
قطر
ديزل
توزيع
محور
طاقة
استقرار

هيكل
احتكاك
قوة
سائل
آلة
قياس
محرك
العتلات
عمق
الدفع

78 - Comida #1

م	ل	م	خ	ن	ئ	آ	ك	ع	ت	ؤ	ل	ع	ك	ر	م
ر	ي	ع	ش	ف	غ	ز	ف	ئ	ر	ش	خ	ظ	م	ل	ر
ك	م	س	آ	آ	ئ	ش	ث	ص	ى	ض	ز	ي	ث	ح	ع
س	و	ك	ك	ى	ك	آ	ة	ج	غ	ض	ن	ز	ر	م	ص
ل	ن	و	د	ص	ك	م	ب	ص	ل	ى	ط	ؤ	ى	ى	ي
ا	ش	ل	ذ	ك	ؤ	ن	ؤ	ك	ل	ح	ح	ج	ت	ش	ر
ئ	ت	ز	ئ	ؤ	خ	ذ	ل	ث	د	ن	ر	م	ل	س	ز
ل	س	ب	ن	ع	ن	ا	ع	د	و	ض	ا	ز	ت	م	ج
ذ	د	ت	ئ	آ	ا	ؤ	ي	ح	ك	م	و	ع	ك	ص	غ
ر	ة	ف	ر	ق	ب	ق	آ	م	ل	ن	غ	ب	ف	ر	ف
ب	ي	ل	ح	د	س	س	س	ن	ج	ظ	س	و	ض	ظ	ك
ر	ؤ	ح	س	ل	ط	ة	ل	و	ا	ر	ف	ن	ث	آ	ط
ت	ح	س	ا	ج	و	ن	ؤ	ا	ة	ط	ة	م	ع	ش	ب
ع	ل	س	إ	ن	ر	و	خ	ز	د	ل	ي	و	و	خ	إ
و	م	ك	ا	ت	ن	ت	خ	م	د	ش	ع	ص	ذ	غ	و
غ	ص	ض	ظ	ء	ط	و	إ	ب	ف	ل	ة	ن	ة	ئ	ر

فراولة
عصير
حليب
ليمون
نعناع
لفت
كمثرى
ملح
حساء
جزر

ثوم
ريحان
تونة
السكر
قرفة
لحم
شعير
بصل
سلطة
سبانخ

79 - Antigüedades

ا	م	إ	ظ	آ	ذ	ا	ج	ق	ط	ش	ؤ	ى	م	ك	ة
خ	ر	ث	ض	ى	ؤ	د	ب	ئ	ا	ذ	ي	ع	ع	ى	ز
ا	د	ع	ق	و	د	ن	ح	ظ	س	ق	د	ز	ر	م	ف
ي	ح	ا	ظ	خ	ث	ق	خ	ش	ى	ا	ذ	ل	ض	ذ	ع
ز	ب	ا	س	و	ة	م	ي	ق	ل	ا	ي	ؤ	خ	ب	س
ف	ن	س	ئ	ت	ة	ي	ن	د	ع	م	ت	ا	ل	م	ع
خ	ن	ت	ب	ذ	ع	ة	ر	أ	ص	ل	ي	ة	ت	ي	ذ
ظ	ع	ث	و	ج	ة	ا	ق	ت	ج	ب	ن	غ	ة	د	ت
ع	إ	م	د	ئ	غ	د	د	ط	ف	ض	ل	م	غ	ق	غ
ا	و	ا	م	ذ	ن	م	ط	ة	ص	خ	ع	ض	ع	و	ي
ك	ص	ر	ض	ج	ف	ض	ذ	د	ت	ض	د	ة	د	إ	ر
ة	ق	ت	ع	ص	و	آ	ث	و	غ	ف	ا	ظ	ل	أ	ع
د	ي	ك	و	ر	ك	ه	ل	ج	ز	ع	ز	م	س	ث	ا
ى	ن	إ	خ	آ	ض	ن	ر	ن	ا	ج	م	ج	ة	ا	د
ة	أ	ى	ع	ة	د	ث	إ	ا	ا	ل	ن	ح	ت	ث	ي
ب	ك	س	ي	ث	ة	س	ع	غ	ت	ح	ن	ط	ب	ئ	و

استثمار
مجوهرات
عملات معدنية
أثاث
ثمن
استعادة
قرن
مزاد علني
القيمة
قديم

فن
أصلي
جودة
ديكور
عقود
أنيق
النحت
نمط
معرض
غير عادي

80 - Literatura

ج	إ	ي	خ	إ	و	ة	ح	ة	خ	ش	ت	ش	ظ	ظ	ك
ل	ي	غ	ي	ا	ى	ح	ز	آ	ط	ك	ع	ا	ة	د	م
ش	ق	ط	ا	ى	ح	ص	ى	ق	ز	و	ق	ب	إ	ج	ر
ش	ح	ا	ل	ع	ث	ي	ذ	ا	ى	خ	ح	س	ة	و	ط
ض	ع	ر	ش	ا	ك	و	ص	ف	ة	ر	ا	و	ح	ب	ك
ن	و	ز	ص	ع	ح	ك	ا	ي	ة	ك	ا	ج	ة	ت	ز
ة	ض	ث	و	ق	ص	ي	د	ة	ف	ى	س	ص	ح	ا	ف
ا	و	ط	ح	م	ح	ظ	ي	ي	ك	م	ؤ	ل	ف	ج	ظ
س	م	ئ	ا	س	ت	ن	ت	ا	ج	إ	ي	ز	ظ	ح	غ
ت	ق	إ	ش	ض	ن	م	ط	و	ي	ل	ي	ر	ع	ا	ش
ع	ع	خ	ك	ك	ق	ة	ث	ر	ي	و	ا	ر	ل	ا	ر
ا	ل	ق	ي	ا	س	ك	ع	إ	ة	ا	س	أ	م	أ	د
ر	د	خ	ر	ث	ح	ئ	ش	ل	و	ت	ص	ج	ي	ى	ف
ة	خ	ن	ف	ؤ	ص	ج	م	ت	ل	غ	خ	ن	ط	ظ	ئ
ؤ	ة	ض	ط	ذ	ث	ي	ر	ر	ع	ؤ	ل	ظ	ح	ن	ى
ز	ز	ش	ق	م	م	ل	ع	ش	و	ذ	خ	و	ب	ع	ل

استعارة
الراوي
رواية
رأي
قصيدة
شاعري
قافية
إيقاع
موضوع
مأساة

القياس
تحليل
حكاية
مؤلف
مقارنة
استنتاج
وصف
حوار
نمط
خيال

81 - Química

ش	ص	ح	أ	ص	ر	ي	ط	س	ب	ش	ج	ي	و	ث	د
ز	ئ	ص	ي	و	ل	ق	ر	خ	ر	ؤ	م	ز	ف	ى	ر
ن	ي	ج	و	ر	د	ي	ه	ل	ع	ف	د	ر	ظ	خ	ج
د	ت	خ	ن	ي	ج	س	ك	أ	ف	ص	د	و	ك	ذ	ة
ا	ف	م	ؤ	ن	ح	ث	ا	ن	خ	ث	ش	ل	ؤ	ب	ا
ع	ز	س	ض	و	ل	ر	ن	ض	ا	ب	ط	ك	ط	ة	ل
م	ح	م	ض	و	م	ر	ا	ز	ل	ذ	ت	ن	ح	ع	ح
ل	م	ش	ي	ي	آ	ي	خ	ر	ب	آ	إ	و	ز	ن	ر
ا	ص	ن	ق	ز	غ	ل	ق	م	ة	ل	ح	ر	ن	و	ا
ن	ذ	ت	ض	ف	ن	ئ	ا	ع	ي	ح	ض	ت	ق	ب	ر
ش	ظ	ش	ج	ئ	ص	ا	آ	ذ	ط	ب	ط	ك	إ	ر	ة
إ	ط	ص	غ	ا	ز	س	ش	ي	ص	غ	ق	ل	ش	ك	ظ
ف	ئ	ح	م	غ	إ	ى	ر	ى	ؤ	ئ	ك	إ	ض	ك	ى
ج	إ	ى	ف	ك	ز	ق	إ	ض	ي	ذ	ض	ش	ح	ذ	غ
ص	ح	ت	ب	ف	ح	س	ذ	ن	ؤ	ج	ة	ف	ي	ق	م
ظ	ش	س	س	غ	ت	م	ح	ف	ز	ك	و	ظ	ث	س	ش

قلوي
حمض
حرارة
كربون
محفز
كلور
إلكترون
انزيم
غاز
هيدروجين

أيون
سائل
المعادن
مركب
نووي
أكسجين
وزن
رد فعل
ملح
درجة الحرارة

82 - Gobierno

س	إ	ى	د	ا	ق	ع	ح	ن	ص	ب	ذ	ئ	و	د	ب
م	ل	غ	ك	س	ا	ق	د	ر	ا	إ	د	ى	ا	ذ	غ
ر	خ	ؤ	ا	ت	ن	ض	ئ	ا	ي	و	د	ف	ت	س	إ
ش	و	ص	ب	ق	و	إ	ئ	ز	ل	ة	ب	و	ي	ي	ن
ر	م	ت	ر	ل	ن	ق	ك	خ	ي	ة	ز	س	ع	ا	ق
ج	ر	ط	ئ	ا	ي	ق	إ	ن	ن	ى	ف	ط	ق	س	ا
ح	ا	ل	ة	ل	ز	ة	ض	ى	د	ن	ج	ج	س	ة	ش
ط	س	ى	م	آ	ع	و	غ	ص	م	ر	د	ز	ن	ق	ة
ح	ل	ف	أ	ل	ي	ن	ط	و	ث	م	ج	ل	ل	ط	ب
و	ي	ا	ت	ئ	م	ئ	ك	ك	غ	ز	ي	ك	ذ	ن	ا
ب	ظ	ت	ر	ذ	ع	ج	د	ذ	ك	ئ	ف	د	ش	م	ل
ا	ل	م	و	ا	ط	ن	ة	ي	ط	ا	ر	ق	م	ي	د
ب	غ	و	ت	ف	ر	ق	ظ	د	ف	خ	إ	ث	إ	ئ	آ
إ	غ	ؤ	س	ا	د	ث	ف	ج	ق	ي	ط	ش	خ	ا	ة
ض	ؤ	ط	د	ا	ل	م	س	ا	و	ا	ة	ا	د	ض	ؤ
م	د	ن	ي	و	غ	ص	آ	ض	ن	ظ	خ	ر	ب	ق	خ

قضائي
عدالة
قانون
حرية
زعيم
نصب
وطني
أمة
سياسة
رمز

المواطنة
مدني
دستور
ديمقراطية
خطاب
نقاش
منطقة
حالة
المساواة
استقلال

83 - Creatividad

ع	ي	د	ك	ل	ة	ؤ	ى	د	ا	ج	ب	خ	ف	ؤ	م
ة	و	ت	ر	ا	ظ	و	ى	د	ي	ث	إ	م	و	ة	ئ
ز	ط	ج	ر	ا	ب	خ	ج	ذ	إ	ت	ئ	ئ	و	ز	ن
ق	غ	ش	آ	ص	م	ص	و	ر	ة	ي	و	ي	ح	ى	ص
د	ث	د	ع	ج	ل	ا	ا	ل	ع	و	ا	ط	ف	د	غ
ع	ح	ض	أ	ل	ص	س	ت	د	إ	ي	ش	ظ	ض	م	آ
خ	ظ	ح	ص	ي	ي	ص	م	ي	ي	غ	خ	ا	ذ	ث	ة
ض	ظ	م	ا	ه	ل	إ	ل	ا	ك	ن	ص	ل	ق	ل	م
ى	ؤ	ر	ل	ا	و	ض	و	ح	ع	ي	ق	ح	ظ	ل	ؤ
ك	آ	ي	ة	د	ش	م	ه	ا	ر	ة	ذ	د	ث	إ	ع
ط	ي	ب	ل	ي	ك	غ	ع	م	ا	س	ت	س	ن	د	ا
ح	و	ع	و	غ	و	ع	ة	ظ	ك	ب	ن	ا	ي	ب	ن
س	ك	ت	ي	ن	ف	ف	ر	ذ	ف	ن	ش	س	ق	و	ط
س	د	ل	س	ر	ذ	ن	ع	ة	أ	و	ة	ح	ا	ي	ب
ح	ذ	ا	خ	ي	ا	ل	ي	إ	ل	ز	ل	إ	ذ	م	ا
م	ب	د	ع	ذ	ي	ئ	ي	و	ا	ح	ئ	ة	ل	ش	ع

صورة
خيال
انطباع
الإلهام
شدة
الحدس
مبدع
إحساس
الرؤى
حيوية

فني
أصالة
وضوح
دراماتيكي
العواطف
عفوية
التعبير
سيولة
مهارة
الأفكار

84 - Clima

ص	س	ؤ	ر	ظ	ش	ح	س	و	ح	إ	ث	ظ	ض	ي	د
و	ح	ظ	س	خ	ظ	ب	م	ؤ	ث	ا	ع	ئ	د	ي	ض
ش	ى	ل	ص	خ	غ	ب	ا	ص	ق	س	ى	ص	ة	ن	ق
ج	و	ؤ	ا	آ	ح	س	ء	ك	ص	ت	ع	آ	ا	ب	ت
ذ	ف	ص	ئ	ة	ا	غ	ش	ظ	ء	و	د	ه	غ	ر	ي
ل	ا	ا	و	ش	ل	ر	ئ	خ	ب	ا	ب	ض	ل	ا	ر
ب	ج	ش	ف	ز	ر	ح	ف	د	م	ئ	ا	غ	ذ	ل	ي
ع	ا	ص	ف	ة	ع	م	ذ	ئ	ض	ي	ق	آ	غ	غ	ح
ص	س	ش	ئ	ل	د	ي	ل	ج	ة	ب	ا	ح	س	ل	ق
ز	ض	ؤ	ئ	آ	ج	ل	م	ح	خ	ط	ن	ب	ب	ا	ل
إ	ر	ل	ب	ف	و	ى	ي	آ	ظ	ق	ؤ	ة	آ	ف	ن
ئ	ؤ	ق	ة	ل	ا	خ	ح	إ	ئ	م	س	ق	ع	ا	خ
ع	ظ	د	ر	ج	ة	ا	ل	ح	ر	ا	ر	ة	ة	ل	ج
ف	ؤ	و	ذ	ب	ا	ن	ا	ض	ي	ف	ي	ص	ص	ج	و
ق	ش	إ	ظ	إ	ل	م	ي	س	ن	ذ	ف	د	ك	و	ك
ج	ك	ز	ق	خ	ت	ؤ	ي	ج	س	ص	ف	ل	ي	ي	س

قطبي
برق
جاف
جفاف
درجة الحرارة
عاصفة
إعصار
استوائي
الرعد
ريح

الغلاف الجوي
نسيم
هدوء
سماء
مناخ
جليد
فيضان
الضباب
سحابة
غائم

85 - Comida #2

ئ	ش	و	ح	ؤ	ئ	ؤ	ع	إ	ت	خ	ل	م	ة	ك	ا
ؤ	و	م	إ	ط	غ	ل	ظ	ع	ن	ب	ذ	ن	ق	ج	غ
ل	ا	د	ح	غ	ز	ش	س	ك	ر	ز	ت	ج	ز	ر	أ
و	ئ	ق	ذ	ح	م	غ	ع	ط	و	ر	ف	و	ش	ر	خ
ز	س	س	ض	ئ	ج	غ	ط	م	ع	ا	ذ	ب	ب	آ	س
ض	م	ط	د	ط	ب	ل	م	ة	ت	ا	ل	و	ك	و	ش
ل	ش	ك	ي	و	ي	ب	ا	ف	غ	آ	ي	ا	ئ	م	و
ي	ل	ج	ئ	خ	ض	ج	ط	إ	ك	ى	ب	غ	ط	د	ل
ى	ا	ا	ب	ة	ة	ب	م	آ	ر	ب	ج	د	ص	ح	ط
ذ	د	ص	ن	ل	ز	ك	و	و	ف	ك	ن	غ	ر	ع	ا
ب	ا	ذ	ن	ج	ا	ن	ت	ؤ	س	إ	ز	ذ	ش	ب	ط
ز	ب	ى	ب	غ	ق	ا	ن	س	ز	ؤ	ف	ئ	ظ	ذ	ر
س	ع	ن	ا	م	ر	ف	ل	ك	ز	ب	ا	د	ي	ر	ل
ت	ف	ا	ح	غ	ث	إ	ن	ر	و	ظ	ط	ج	ظ	ص	ي
ي	ن	و	خ	ك	خ	ر	ج	ر	ة	و	ل	ا	ة	إ	ؤ
ظ	ت	ق	و	ن	ل	خ	و	ئ	ك	د	ج	ج	ش	ئ	ص

خرشوف
لوز
كرفس
أرز
باذنجان
كرز
شوكولاتة
عباد الشمس
بيضة
زنجبيل

كيوي
تفاح
خبز
موز
دجاج
جبن
طماطم
قمح
عنب
زبادي

86 - Arte

ت	ث	ز	ر	ب	و	س	ش	ذ	ج	ا	ز	م	ن	ر	إ
إ	ك	ي	م	ا	ر	ي	س	ض	إ	ش	ل	ذ	ر	ب	و
ذ	ل	د	ز	ة	ت	ت	ر	ت	ي	غ	ك	ن	ى	م	ا
ئ	ح	ح	د	د	د	ذ	ص	ة	ي	ئ	ش	ط	ح	ا	س
ق	د	ي	م	ن	خ	إ	ش	ك	ق	ظ	ل	ع	م	ت	ع
ى	ج	ض	ص	د	ؤ	ا	ع	ج	ز	ب	ا	ب	ر	ص	ع
ن	إ	ن	ع	ع	ح	ت	ر	ئ	أ	و	ة	خ	إ	ي	س
ش	ك	ح	ص	ذ	ز	ظ	ق	د	ا	ص	ي	د	ا	ب	خ
ج	آ	ش	ؤ	ت	ظ	ة	ث	ع	ة	إ	ل	ر	ة	ر	ل
ب	ى	ظ	ص	م	ش	غ	س	ف	ف	ش	ا	ي	خ	إ	ت
ت	ك	و	ي	ن	ش	خ	ص	ي	ؤ	ت	ي	و	ع	ا	آ
ب	ل	ر	ي	ب	ع	ت	ل	ا	ث	ث	ر	ص	ة	ل	ح
ص	ة	ئ	م	ع	و	ط	ة	ظ	ت	إ	س	ت	آ	ت	ذ
ر	ح	د	م	ن	ض	ل	و	ح	ا	ت	ل	إ	غ	ص	و
ي	ن	ة	ي	ذ	و	ث	غ	ن	ك	آ	ا	ب	س	ي	ط
ف	ك	د	ر	ب	م	ا	ة	ف	ت	ق	و	ر	إ	ز	آ

شخصي
لوحات
شعر
تصوير
بسيط
رمز
السريالية
موضوع
بصري

سيراميك
مركب
تكوين
النحت
التعبير
الشكل
صادق
مزاج
ربما
أصلي

87 - Diplomacia

ن	ز	ض	ع	م	غ	ع	أ	ع	ث	ى	س	ط	ل	غ	ذ
ك	ت	س	ؤ	س	ع	ي	خ	د	ك	ب	ي	آ	س	ظ	و
ر	م	ك	س	ت	ظ	ي	ل	ا	ر	ي	ت	إ	ؤ	ز	خ
د	ط	ظ	ت	ش	ك	ض	ا	ل	ج	ج	م	ئ	ث	ي	س
و	د	ذ	ع	ا	ز	ن	ق	ة	ه	ا	ز	ن	ل	ا	ث
ت	ف	ر	و	ر	ا	ر	ق	ل	ا	ن	ي	ة	ص	ى	م
ع	ت	ف	ع	ر	ي	غ	ك	ق	ئ	ق	ج	ش	ق	و	ي
ا	ا	إ	ت	د	ج	ف	ر	ك	إ	ق	ل	ة	أ	م	ن
و	ة	ل	ح	ك	و	م	ة	ق	ة	ت	ش	ر	ي	ف	س
ن	ف	إ	ل	د	ص	ت	د	ب	ل	و	م	ا	س	ي	ل
ئ	ص	خ	ن	غ	ث	ك	ت	غ	ط	إ	ش	ف	ق	ب	ا
ذ	ظ	ئ	ة	س	ا	ي	س	د	ط	ش	ت	س	م	ن	ئ
غ	ث	ب	ر	خ	ا	ت	ا	ب	ف	إ	ف	ل	ل	ج	د
آ	ز	إ	ا	إ	ئ	ن	ذ	ل	آ	ب	ة	ا	ة	أ	ف
ب	ض	ح	ك	ئ	غ	ت	ي	ن	م	ح	ج	ص	س	ت	ش
م	ع	ا	ه	د	ة	ى	ذ	آ	ض	ئ	ؤ	د	ط	ث	ض

مستشار	حكومة
ملة	إنساني
نزاع	اللغات
تعاون	النزاهة
دبلوماسي	عدالة
نقاش	سياسة
السفارة	القرار
سفير	أمن
أجنبي	حل
أخلاق	معاهدة

88 - Herboristería

إ	ا	ح	د	ي	ق	ة	د	و	ج	ن	د	إ	ر	د	ل
ك	ل	ظ	آ	ذ	ج	ؤ	ت	و	ا	ن	س	م	س	ن	ج
ل	ش	ك	ز	ى	ق	د	ن	ي	غ	ر	ح	ا	ع	ع	ى
ي	م	ح	ن	و	خ	ر	ط	ل	ا	ر	ز	ب	ى	ن	ص
ل	ر	ة	ن	ا	ا	ؤ	ح	د	إ	ي	ه	م	ف	ا	ر
ا	ة	ز	ك	ج	ا	د	ظ	ح	ن	ح	ر	س	ت	ع	ش
ل	ط	م	ى	ل	ز	ز	ن	ك	ط	ا	ة	ي	ر	ط	ع
ج	ك	ى	ع	ج	س	ح	ه	ص	ك	ن	غ	ة	س	ز	ز
ب	غ	ن	ن	ل	ف	ة	ز	م	ن	ا	ر	ف	ع	ز	ت
ل	ص	ا	ص	ح	و	ظ	ح	آ	ب	س	ن	و	د	ق	ب
ر	ى	ش	م	ر	م	ح	أ	ص	ئ	م	ر	د	ق	و	ش
ي	د	ي	ث	خ	غ	ك	خ	إ	ر	ب	ث	ع	ز	م	إ
ب	م	ظ	ش	و	ع	غ	ض	ى	م	ا	ز	خ	ث	ن	ل
ئ	د	غ	ى	ف	ش	ج	ر	د	آ	م	ي	م	ظ	ص	ظ
ل	ي	ه	ط	ل	ا	ت	ع	ب	خ	ث	ج	و	ص	و	ف
ح	غ	س	ت	إ	ى	ش	ل	م	و	ث	ظ	ح	د	غ	ق

العنصر
حديقة
خزامى
مردقوش
نعناع
بقدونس
مصنع
إكليل الجبل
نكهة
أخضر

ثوم
ريحان
عطري
زعفران
جودة
الطهي
شبت
الطرخون
زهرة
الشمرة

89 - Energía

ذ	ش	ذ	ن	ر	ر	ا	م	و	ث	ي	م	ى	ط	ق	ك
د	ي	د	ج	ت	ل	ل	ل	ب	ا	ق	ح	و	ى	ه	ب
إ	ل	و	ظ	ش	ظ	ف	إ	د	ر	ر	ر	ش	ر	خ	خ
ئ	ع	ق	ت	آ	ة	ع	ر	ا	ض	ه	ك	ب	ج	ك	ا
ا	ر	و	ا	ل	ت	و	ر	ب	ي	ن	ا	ت	ر	ر	ر
ل	د	ر	م	د	ل	ض	غ	د	ة	ئ	ط	ب	ح	ي	ص
ب	ا	ث	ظ	ي	ا	ي	ر	غ	ي	آ	و	ك	خ	ح	ش
ط	ق	ج	إ	ز	خ	و	ط	ؤ	د	ن	ج	ي	و	و	ن
ا	ر	ؤ	ي	ل	ج	م	و	ا	خ	د	ب	ن	ل	م	ك
ر	ي	ن	س	ي	ا	ة	ف	و	ت	و	ن	ب	غ	ئ	إ
ي	غ	ف	ن	ض	ث	و	ل	ت	ل	ا	ز	خ	ذ	ق	ج
ة	ظ	م	ى	و	خ	ظ	خ	خ	ح	إ	ي	و	ز	ذ	و
ع	ب	ش	ئ	ض	ط	خ	ت	ت	ر	د	ن	ج	ظ	ا	ظ
ا	و	م	ض	ف	ى	ث	ر	ؤ	ج	د	ا	ئ	ل	ي	ت
ن	ب	س	ث	ة	آ	س	ث	ئ	ن	و	ر	ت	ك	ل	إ
ص	ت	ة	ك	ت	د	غ	ش	ك	ة	ط	ة	ر	ا	ر	ح

البطارية
حرارة
كربون
وقود
التلوث
ديزل
إلكترون
كهربائي
غير قادر علي
فوتون
بنزين
هيدروجين
صناعة
محرك
نووي
قابل للتجديد
شمس
التوربينات
بخار
ريح

90 - Insectos

ف	ا	ة	ا	ن	س	ف	ر	ا	ش	ة	ا	ع	خ	غ	ا
آ	ج	ن	م	ح	ح	ظ	ل	ر	و	ب	د	ل	ا	ل	ي
ف	ت	م	ع	ل	ط	خ	آ	و	م	د	ؤ	ض	ي	ن	ى
آ	خ	ل	د	ة	ن	ك	ف	ص	ت	ن	ب	ع	ن	ن	أ
ع	ث	ة	ف	ف	م	س	غ	ر	ذ	ج	س	س	م	ت	ر
غ	م	ئ	س	ا	ل	ز	ش	ص	ي	و	ص	م	ئ	ج	ض
ن	ا	ا	د	ل	ا	ؤ	ص	ب	ب	ع	ح	آ	آ	ز	ة
س	ء	ج	ع	ب	ف	خ	ص	و	ى	آ	ز	ي	ز	ل	ا
ز	ة	ظ	ض	ع	ئ	آ	ا	غ	ح	ح	م	إ	ل	ي	م
و	ب	ر	غ	و	ث	ب	ب	ي	س	ة	د	ا	ر	ج	خ
ش	غ	ئ	ن	ض	ن	ب	ذ	ئ	ف	ق	ق	ي	ى	ن	ش
ك	ج	ئ	ز	ي	ت	ن	د	ب	و	ر	و	ا	ف	د	ئ
ظ	ن	م	ص	ش	ى	ج	آ	إ	ر	ي	ر	س	ا	خ	ل
د	ي	ض	ي	ت	ت	ث	ش	ي	ا	و	ا	ذ	ب	س	و
ي	ب	ن	ل	ا	س	ر	ف	ط	ط	ء	غ	ف	ل	ق	ر
ئ	ا	م	ة	د	و	د	ف	ى	ج	ن	ش	ط	ي	ر	و

يرقة
اليعسوب
فرس النبي
فراشة
الخنفساء
البعوض
عثة
برغوث
جندب
أرضة

نحلة
دبور
الدبور
المن
الزيز
صرصور
خنفساء
دودة
نملة
جرادة

91 - Especias

خ	ل	ز	ط	ع	ج	ز	ا	ل	د	ض	ج	د	ذ	ج	ذ
د	ك	ف	ي	ئ	غ	ن	ل	ل	ص	ب	د	ن	ل	ا	ظ
ن	ت	ئ	س	ظ	ث	ج	ي	ف	ش	ب	ل	د	ز	و	م
ح	غ	ف	ع	و	ذ	ب	ن	ل	ز	م	غ	ذ	ق	ث	ة
ا	د	ب	ا	ل	س	ي	ا	ف	ة	ة	ر	ظ	ا	ئ	ث
م	ب	ر	م	ح	أ	ل	ف	ل	ف	خ	ن	ة	ل	خ	ي
ض	ك	ب	ب	ل	ب	ش	ا	ث	و	م	ز	ه	ق	ت	ت
ف	د	ط	م	م	ر	ث	ى	ق	ة	ى	ع	ك	ر	ق	ب
ذ	م	ظ	ز	ز	ع	ك	غ	ز	ر	ي	ف	ن	ن	ج	ي
ب	ة	غ	س	م	ك	ط	ن	ي	غ	ع	ر	ط	ف	ج	ط
ز	غ	ح	ن	د	ث	ؤ	و	ز	ذ	ص	ا	ؤ	ل	إ	ل
ط	إ	إ	آ	ش	إ	ل	ض	ن	و	س	ن	ا	ي	ل	ا
ص	ع	غ	ذ	ة	ن	ل	ظ	ب	و	ذ	ئ	و	ر	ك	ة
و	ب	إ	ع	ا	ث	د	ك	ص	ؤ	م	ي	ض	ا	ب	ز
ق	ر	ف	ة	ط	ة	خ	ا	خ	ئ	ؤ	ك	ث	ك	ث	و
ط	غ	م	ض	ؤ	س	ذ	و	ى	غ	ت	ر	د	ح	ى	ج

حامض
ثوم
مر
اليانسون
زعفران
قرفة
بصل
القرنفل
كمون
كاري

حلو
الشمرة
زنجبيل
جوزة الطيب
فلفل أحمر
فلفل
عرق السوس
نكهة
ملح
فانيلا

92 - Universo

ا	ب	ة	ل	ى	ع	ء	ب	و	ح	ك	ج	ف	ش	ذ	ج
ل	إ	ي	ط	ك	خ	ط	ا	ل	ع	ر	ض	ظ	ل	ة	ث
ك	ر	م	ذ	ل	ش	ص	ل	م	خ	ط	ا	ل	ط	و	ل
و	ب	ا	ا	ف	و	ا	ق	آ	س	ر	ف	ا	ض	ق	ق
ي	ك	ل	ف	ل	ا	ل	ن	ا	ز	غ	ق	ب	ا	ء	غ
ك	ل	ف	ي	ا	ة	غ	ا	ظ	ع	ي	ع	ق	ؤ	ا	ا
ب	ا	ر	ق	م	ز	ل	ل	ض	م	ر	ئ	ي	ن	و	ك
م	ش	م	ز	ل	غ	ا	ا	ك	ي	ئ	إ	إ	غ	ت	آ
م	ة	ق	ق	ع	ة	ف	ظ	ح	و	ت	ض	ي	إ	س	ش
ذ	ج	ب	خ	ظ	ر	ا	س	ل	ك	م	خ	ل	ش	ا	م
ا	ل	ب	ر	و	ج	ل	م	و	ا	ر	خ	ق	ع	ل	ش
آ	س	غ	ر	ج	آ	ج	ا	ف	ت	م	ع	ي	ذ	ا	غ
أ	ف	ق	ي	ا	إ	و	و	ي	ف	ع	ا	ر	ل	ط	ر
ق	غ	ك	و	ي	ق	ي	ي	ذ	ز	ي	م	ب	ؤ	خ	ز
ص	ح	ر	ى	ة	ض	ئ	ؤ	ل	د	د	ش	م	س	ي	ط
آ	ف	ص	ط	ة	ل	ي	ئ	ب	ا	ى	ث	ا	ذ	ظ	ح

الكويكب
علم الفلك
فلكي
الغلاف الجوي
سماوي
سماء
كوني
خط الاستواء
أفق
إمالة

خط العرض
خط الطول
قمر
ظلام
فلك
شمسي
الانقلاب
مقراب
مرئي
البروج

93 - Jazz

غ	د	ي	و	إ	ي	ق	ا	ع	ق	د	ي	م	ي	ع	ر
ا	ث	ة	ن	ي	ن	ل	ع	و	ن	ل	ا	ش	د	غ	ك
آ	غ	ن	ى	ت	ج	ا	ب	ث	ص	ض	ت	ه	ط	و	ف
غ	ؤ	ث	ة	د	ع	ج	ي	ى	ج	ث	ق	و	ج	ن	م
ت	ك	و	ي	ن	ق	ت	ت	أ	ا	إ	ن	ر	ا	و	ت
ئ	ض	د	ن	غ	م	ر	إ	و	ل	ظ	ي	ن	س	خ	ا
ؤ	ع	ج	غ	ث	ل	ا	ش	ر	ط	خ	ة	ي	ي	ل	ل
ث	د	آ	أ	غ	آ	ل	ك	ك	ب	س	ق	ة	م	ص	م
غ	آ	ف	ص	ى	ج	ا	آ	س	و	ى	خ	ث	ي	ة	ف
أ	ل	ب	و	م	غ	و	ك	ت	ل	ة	إ	خ	ف	إ	ض
م	ي	ه	ظ	ل	ة	ل	ظ	ر	ز	ن	ف	ث	ر	غ	ل
ل	م	ا	ن	ح	ط	م	ن	ا	س	ع	م	ض	ئ	آ	ة
آ	س	و	ت	ن	ب	ص	ر	ل	ز	ي	ك	ر	ت	ل	ا
ص	ظ	م	ع	د	ة	ي	ق	ي	س	و	م	ة	ل	ف	ح
ج	ئ	ل	ا	ع	ح	ق	ش	ظ	ث	ظ	ؤ	د	ؤ	ز	ن
آ	ئ	ا	ض	غ	ق	ى	ح	ر	ص	س	ت	ر	إ	ق	ي

النوع
الارتجال
موسيقى
الجديد
أوركسترا
إيقاع
المواهب
الطبول
تقنية
قديم

فنان
ألبوم
أغنية
تكوين
ملحن
حفلة موسيقية
نمط
التركيز
مشهور
المفضلة

94 - Mediciones

ع	ش	ر	ي	ا	و	م	ب	ت	د	ة	ك	ع	م	م	ق
ح	ئ	ض	ق	ج	ل	د	خ	ص	ر	ض	ت	ر	ل	ن	ش
ؤ	س	ج	ئ	غ	ط	ط	ع	ط	ج	ط	ل	ض	س	ي	ز
غ	ظ	ى	ؤ	ش	ف	د	و	آ	ة	خ	ة	ق	ي	ق	د
ر	ر	ت	م	و	ل	ي	ك	ل	ة	ا	آ	م	ع	ش	ة
ق	ع	ا	ف	ت	ر	ا	ظ	ع	د	إ	و	ع	ل	ق	ا
خ	س	ض	م	ا	ر	غ	و	ل	ي	ك	ص	س	و	ط	ل
ف	ض	ك	ب	ك	و	ئ	و	ت	خ	ر	س	ر	ض	و	ص
ي	ق	ذ	خ	و	ز	د	خ	ي	ع	ن	ن	ف	ة	ع	و
م	ع	و	ل	ب	ن	ك	ق	ش	ص	س	ت	ي	ا	ب	ت
ز	ت	ل	ت	و	م	ص	ى	س	ظ	ئ	ي	ط	ئ	ق	ط
ك	ؤ	ر	ر	ص	غ	م	ئ	ئ	ج	ذ	م	ن	ش	س	ظ
ئ	ث	م	ى	ة	ي	ق	و	أ	ى	خ	ت	ن	ب	ئ	ل
آ	ر	ق	ض	ي	ل	خ	ت	ع	ص	د	ر	ت	ظ	ئ	ؤ
ظ	ح	ظ	ؤ	ج	ز	ر	ن	ح	ب	ق	ي	ى	ك	ئ	ج
ت	غ	ذ	ب	ص	ز	ر	ع	ق	ك	ة	س	ش	ص	ب	إ

ارتفاع
عرض
بايت
سنتيمتر
عشري
درجة
غرام
كيلوغرام
كيلومتر
لتر

الطول
كتلة
متر
دقيقة
أوقية
وزن
عمق
بوصة
طن
الصوت

95 - Barcos

ي	غ	د	ا	م	ك	ن	ت	و	ك	ح	ع	د	غ	ج	ع
خ	ئ	ف	ظ	ر	ك	ه	خ	ي	ج	ا	و	م	أ	ع	آ
آ	ن	ق	ن	ك	ة	ر	ي	ح	ب	ت	ي	ل	ع	ت	ف
ك	ي	ئ	س	ب	ا	ا	ج	س	ع	ف	ث	ا	ع	ف	ق
م	ر	ح	ب	ش	س	ح	ث	ؤ	ن	ا	ع	ف	ك	ب	ة
ح	ح	آ	ف	ر	ر	ب	و	ص	ع	ث	ض	ح	ق	غ	ؤ
غ	ب	ي	و	ا	م	ة	ي	ر	ا	س	ح	س	ر	ر	ؤ
ؤ	خ	ل	ط	ع	ق	ر	و	ز	ل	ا	ى	ا	ة	د	ص
ل	ز	ذ	ج	ي	ا	ا	ع	و	ا	م	ة	ت	إ	آ	ث
ئ	ع	آ	ي	و	ط	ب	ط	خ	غ	ض	خ	ت	ة	ن	ظ
آ	ظ	د	ص	ي	ز	ع	ر	ف	س	ى	د	ي	ط	ل	ش
م	ح	ر	ك	خ	ي	ل	د	ج	ى	إ	ؤ	ع	ي	ج	ج
ة	س	ت	ظ	د	ض	ا	ق	ق	ل	ض	ز	غ	ئ	غ	ص
ص	ش	آ	ئ	ص	ن	ض	ة	ج	آ	و	ظ	ش	آ	خ	ح
ف	ج	س	و	ظ	خ	ة	ك	ة	ؤ	غ	ن	ي	ظ	ك	ئ
ش	ك	س	ئ	ة	ص	ف	غ	ذ	ض	ص	آ	ؤ	ى	ح	د

مرساة
طوف
عوامة
الزورق
حبل
العبارة
كاياك
بحيرة
بحر
المد

بحار
سارية
محرك
بحري
محيط
أمواج
نهر
طاقم
مركب شراعي
يخت

96 - Antártida

ة	ج	ع	ب	ف	ة	ا	ر	ث	ل	ط	ظ	إ	ي	ا	ص
ح	إ	ق	ض	ش	و	ل	ت	ط	ق	ف	ح	خ	ز	ل	ج
ز	ز	ق	ل	ؤ	ل	ط	ص	س	ص	ن	س	ض	ي	ج	ف
خ	ص	ص	م	ل	ن	ي	ح	ب	ى	ث	ؤ	ف	ا	ز	ز
س	ل	ز	ز	ط	د	و	ص	ح	و	ع	ا	غ	ب	ر	ت
ة	ث	ع	ب	ل	ا	ر	ظ	خ	ن	ض	س	ر	ح	ي	ص
ر	ث	ء	ا	م	ع	ش	إ	آ	ر	ث	ط	ض	ظ	ت	ف
ا	ق	ة	ح	ش	م	ب	ئ	ش	إ	ي	خ	خ	ذ	ق	س
ق	ل	ك	س	ج	ل	ه	ط	ذ	ض	ط	ص	ل	ئ	د	ص
ي	ث	ح	ا	ب	ا	ج	ي	ل	خ	د	ط	ة	ق	ع	ر
ر	ص	ت	ف	ز	د	ز	ك	ف	غ	ش	ع	ر	ث	ط	غ
ا	ع	ل	و	ظ	ة	ي	ط	ب	و	غ	ر	ا	ف	ي	ا
ط	ه	ل	ك	آ	ة	ر	ا	ر	ح	ل	ا	ة	ج	ر	د
ب	ج	غ	م	ظ	ط	ة	ي	ف	ا	ر	غ	ج	ث	خ	ي
ل	ر	آ	ن	ي	ق	ب	ر	ث	آ	خ	إ	ط	و	ح	ل
ا	ة	ؤ	ئ	ة	ت	ش	ى	ص	ق	ج	ل	ج	ة	م	ج

ماء
خليج
علمي
الحفظ
قارة
كوف
البعثة
جغرافية
جليد
باحث

الجزر
هجرة
المعادن
سحاب
الطيور
شبه جزيرة
البطاريق
صخري
درجة الحرارة
طبوغرافيا

97 - Mamíferos

ؤ	ن	ق	ت	ذ	ج	ن	ك	ش	ض	أ	ع	ذ	ف	ب	ى
ح	ت	ز	ا	ك	ع	ذ	إ	ر	ر	ر	ط	ئ	ن	م	ط
ح	ج	ى	ج	ة	د	ت	ل	ل	ض	ن	ق	ب	ك	ض	ض
د	م	ح	م	ا	ر	و	ح	ش	ي	ب	ة	ن	ب	آ	ا
و	ت	ا	إ	ئ	ش	ح	ت	ل	ر	ف	ك	ل	ب	م	ظ
ل	ث	غ	ر	ف	غ	ظ	ة	ا	ش	ش	ل	م	ح	ت	ي
ف	و	خ	ز	ر	ا	ف	ة	ئ	ر	س	م	ا	إ	ث	ا
ي	ر	ت	ر	إ	ؤ	ف	ط	إ	ب	ب	ج	ق	ق	ر	د
ن	ي	ظ	ع	و	خ	آ	ف	م	ل	ي	ف	خ	آ	ر	ذ
ؤ	آ	ي	غ	و	ف	ى	ؤ	س	ا	ث	ت	ت	ط	ذ	ظ
إ	م	ت	و	ص	إ	م	ئ	ؤ	ب	ج	ذ	ئ	س	إ	ل
ث	ث	د	ر	ل	آ	د	ل	ح	ئ	ى	ب	و	ت	ت	ط
ع	ا	ذ	ي	ص	ق	ا	ح	ى	ذ	س	ك	و	ف	ا	ض
ز	ئ	ة	ل	آ	ط	خ	د	ت	ش	د	ن	ح	ص	ا	ن
غ	ى	و	ا	ث	ت	ف	ع	ب	ز	ك	غ	ؤ	ذ	ط	و
ز	ة	ق	ط	ن	ف	ط	ض	آ	ث	ذ	ر	ة	ا	م	ض

قط
غوريلا
زرافة
ذئب
قرد
يتحمل
خروف
كلب
ثور
فوكس

حوت
حمار
حصان
جمل
كنغر
حمار وحشي
أرنب
ذئب البراري
دولفين
الفيل

98 - Boxeo

ا	ك	ج	ح	م	م	ص	خ	ل	ا	ج	ث	ة	ت	ا	ت
غ	ل	و	آ	ص	ه	م	ق	ا	ت	ل	ذ	ح	غ	ل	ئ
ر	د	ت	ع	ئ	ا	ط	ر	ل	ج	ؤ	ؤ	ن	ا	ت	ج
ت	ت	ش	ر	ط	ر	ن	ك	ر	ج	س	ر	ي	ع	ع	إ
د	ص	ى	ؤ	ك	ة	ظ	ل	س	ك	ح	ؤ	ع	ش	ا	خ
إ	ع	ة	س	ض	ي	آ	ة	ا	ى	ن	ذ	ر	إ	ف	آ
ي	ت	و	ة	ط	ى	ز	ا	ع	ب	ز	س	ل	ق	ي	ظ
ج	إ	س	ى	م	ذ	س	خ	ق	ئ	ح	ة	ا	ب	س	ا
ة	ف	ح	ك	م	ط	ط	غ	ف	ت	ا	ل	س	ض	ن	ب
ئ	ض	ظ	م	ؤ	د	د	ط	ا	ق	ن	ل	ا	ة	إ	ق
ز	ئ	ؤ	إ	د	ن	ؤ	ن	ز	ه	ض	ذ	ي	ع	ا	ت
ج	ر	س	ع	س	ج	ى	ص	ا	ر	ع	ر	م	ر	غ	ح
ذ	ت	ل	ك	ج	غ	ز	ج	ت	م	ق	غ	ز	ح	ؤ	ح
و	ط	ظ	ط	ي	ئ	ؤ	ن	غ	ج	و	ح	ئ	ا	ذ	س
ش	ح	ش	ن	ح	ط	ب	غ	ض	د	ة	د	خ	ا	ق	آ
ض	ر	ظ	ي	غ	ر	ح	ح	و	ز	ش	و	ظ	ل	ن	ا

حكم
ذقن
جرس
التركيز
كوع
الحبال
جثة
ركن
مرهق
قوة

قفازات
مهارة
مقاتل
الخصم
ركلة
النقاط
قبضة
سريع
التعافي

99 - Abejas

ز	آ	ع	ى	ر	ك	ة	ر	ش	ح	ت	ا	ط	ى	ض	ا
ت	ه	ز	ة	ك	غ	ي	ن	م	ا	ن	ر	ض	ع	ع	ل
د	ت	ر	و	ه	ز	ل	ا	ظ	ق	و	غ	ث	س	ط	ن
ف	إ	م	ؤ	ق	ئ	خ	خ	غ	ل	ع	م	غ	ل	ك	ظ
ف	ا	ك	ه	ة	ق	ي	د	ح	إ	د	ط	ب	ص	ك	ا
ي	ر	ذ	و	ك	ذ	ف	ش	ب	ت	ص	ص	ع	م	ح	م
ن	إ	د	ي	ل	ز	ج	ظ	ط	ب	ض	ل	ع	ا	ط	ا
ب	ر	س	د	م	ن	إ	ى	ئ	ى	ؤ	ص	ن	ف	م	ل
ا	أ	ج	ن	ح	ة	ذ	ت	ش	ا	ؤ	م	ل	ا	ح	ب
ت	ا	ح	ق	ل	م	ل	ا	ش	ى	س	ش	ل	ل	م	ي
ا	ح	و	ئ	ج	ل	آ	ل	ش	م	ي	م	ع	ف	ز	ئ
ت	ط	ة	ر	غ	ة	ؤ	ح	ة	غ	ع	س	ا	م	و	ي
ا	ض	ف	ؤ	آ	ب	ب	ت	ج	غ	و	ا	ن	ا	ط	ا
ى	ج	آ	س	ذ	ع	ت	غ	غ	غ	ح	ج	ى	غ	ك	ف
ق	ط	و	د	و	س	ط	ة	آ	خ	ع	ق	ى	ف	غ	ع
م	ف	ي	د	ج	ز	و	ى	ط	ئ	ض	س	ئ	ب	ط	ز

أجنحة
مفيد
شمع
خلية
طعام
تنوع
النظام البيئي
سرب
زهر
الزهور

فاكهة
دخان
حشرة
حديقة
عسل
نباتات
لقاح
الملقحات
ملكة
شمس

100 - Psicología

م	و	ط	ك	خ	س	ا	س	ح	إ	ى	إ	ة	ط	ط	ح
ي	ر	ح	ت	ؤ	ث	أ	ل	ش	ئ	ذ	ل	د	ي	ب	ع
ق	ظ	ح	ذ	ة	ح	ح	ي	أ	آ	س	ة	ن	ظ	ظ	ل
ت	ى	م	ل	ز	ف	ل	ك	م	ن	ص	ف	ح	خ	ث	ر
ك	و	ش	ا	ة	ط	ا	ض	و	ك	ا	ر	د	إ	ل	ا
أ	ة	م	ح	خ	ا	م	ى	ع	ى	ع	آ	ا	ي	ذ	ك
ك	ف	ة	ي	ع	و	ل	ا	د	ق	ا	ف	ج	و	ب	ف
س	ر	ك	ج	ي	ع	ح	ط	ن	ز	ا	ع	ص	ز	س	أ
ث	ع	و	ا	ض	ل	ؤ	س	ف	و	ا	ق	ع	م	ظ	ل
خ	م	ل	ل	ر	ا	ث	ق	ئ	و	ر	ت	ع	ز	ح	ا
ج	ت	س	ع	م	ص	ن	إ	ل	ح	ل	إ	ش	س	ى	ؤ
ب	غ	ع	ل	خ	ي	ؤ	ب	ن	ص	ض	ة	ي	ص	خ	ش
آ	ط	ؤ	ئ	ع	ح	ث	و	آ	ر	ح	إ	د	ا	ل	ك
إ	ت	إ	ذ	ى	ز	ا	ب	ت	ث	ق	ي	إ	ئ	و	ح
ت	أ	ث	ي	ر	ا	ت	ف	ف	س	إ	م	ش	ك	ل	ة
ط	ب	ذ	ب	م	ض	ن	ق	م	ئ	ط	ز	ض	غ	ظ	ص

مرحلة الطفولة
تأثيرات
أفكار
الإدراك
شخصية
مشكلة
واقع
إحساس
أحلام
علاج

موعد
مرضي
معرفة
سلوك
نزاع
الأنا
العواطف
تقيم
الأفكار
فاقد الوعي

1 - Ajedrez
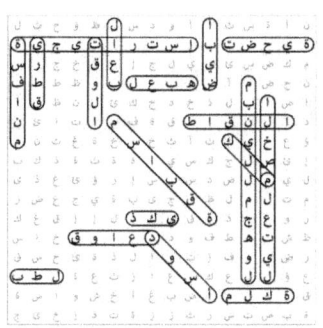

2 - Arqueología
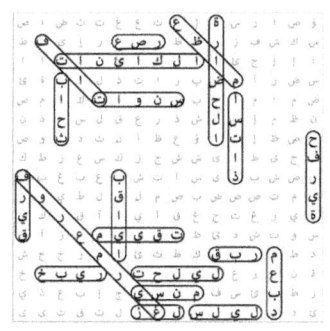

3 - Granja #2
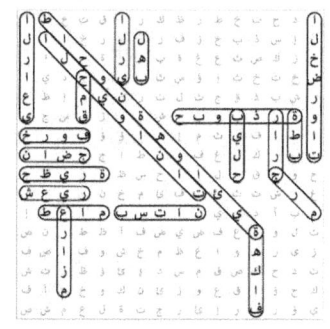

4 - La Empresa
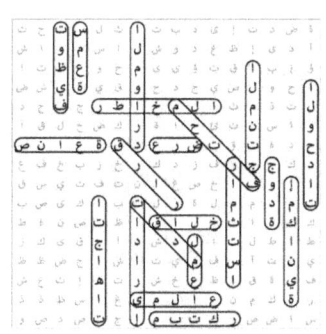

5 - Aviones
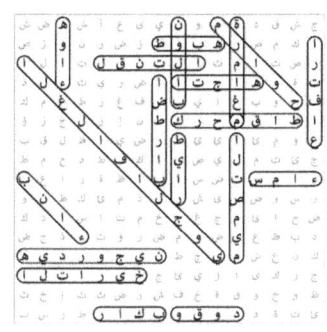

6 - Tipos de Cabello
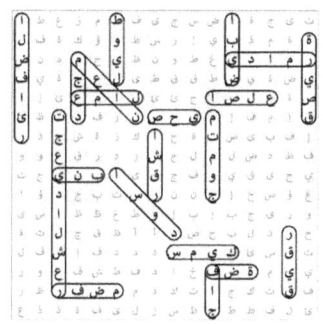

7 - Ética
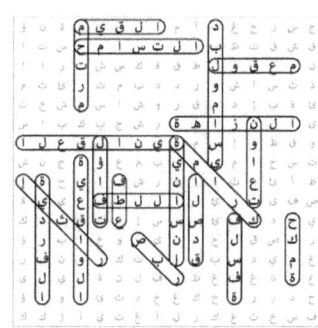

8 - Ciencia Ficción
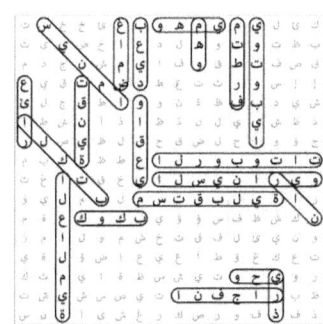

9 - Granja #1
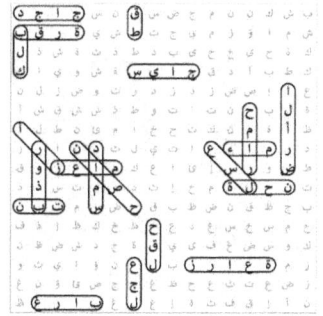

10 - Camping
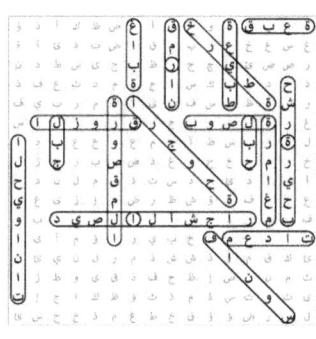

11 - Fruta
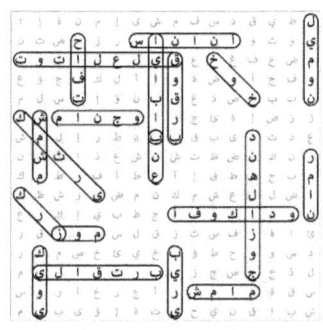

12 - Geología
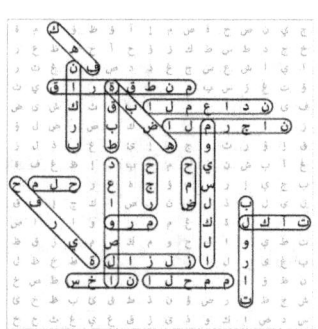

13 - Álgebra

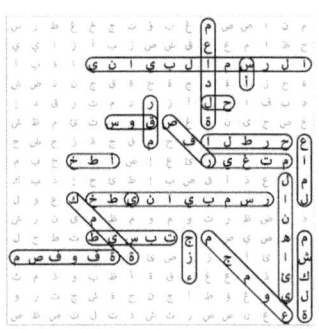

14 - Plantas

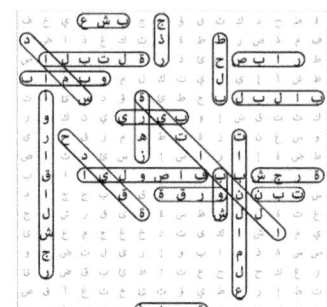

15 - Suministros de Arte

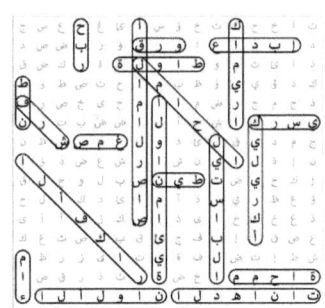

16 - Negocio

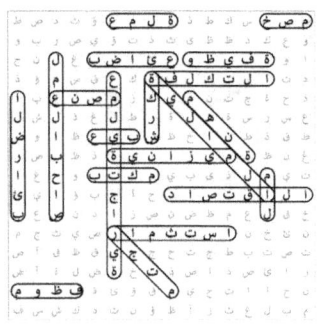

17 - Jardín

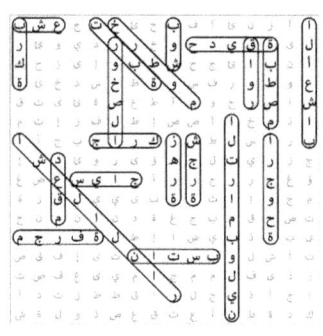

18 - Países #2

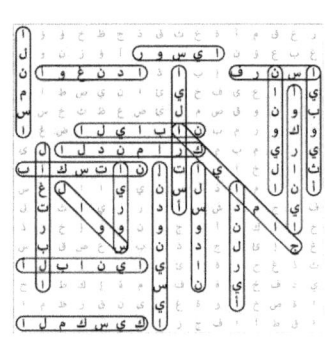

19 - Números

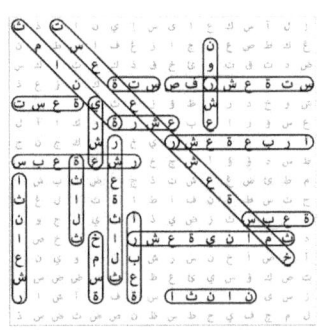

20 - Física

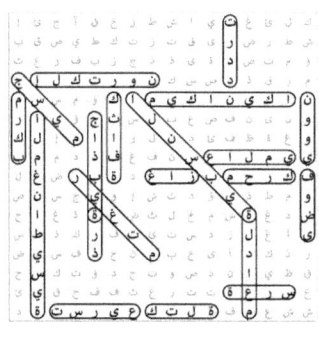

21 - Belleza

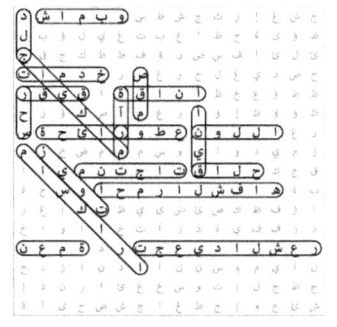

22 - Países #1

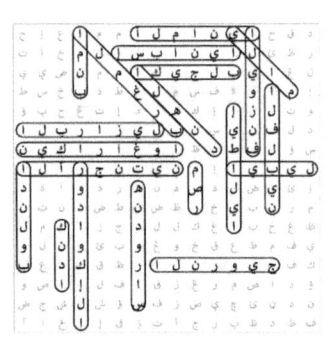

23 - Mitología

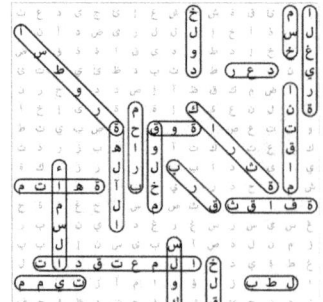

24 - Ecología

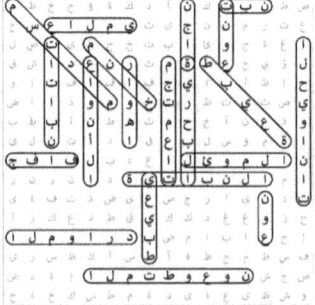

25 - Casa

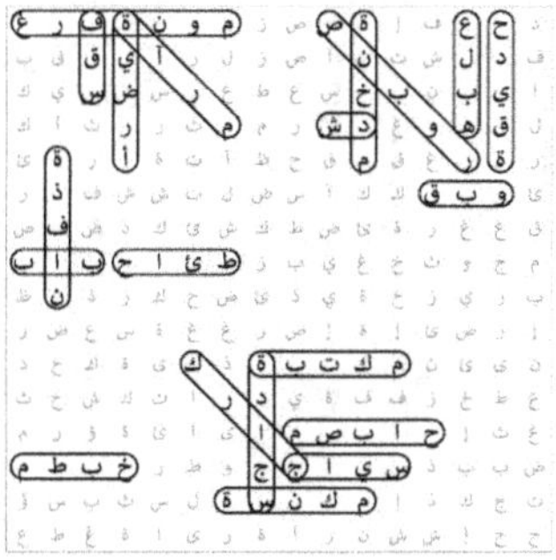

26 - Salud y Bienestar #2

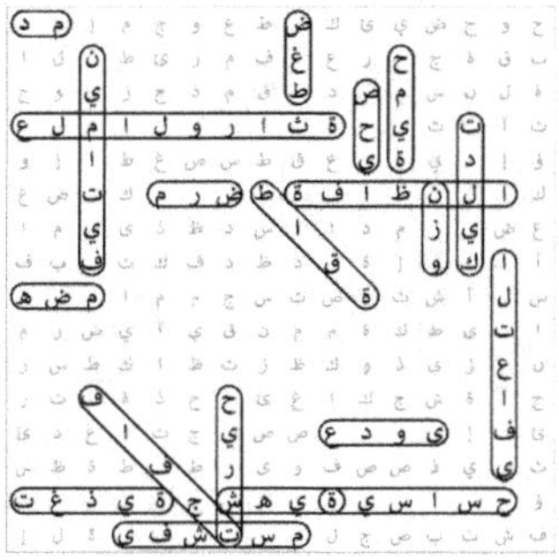

27 - Selva Tropical

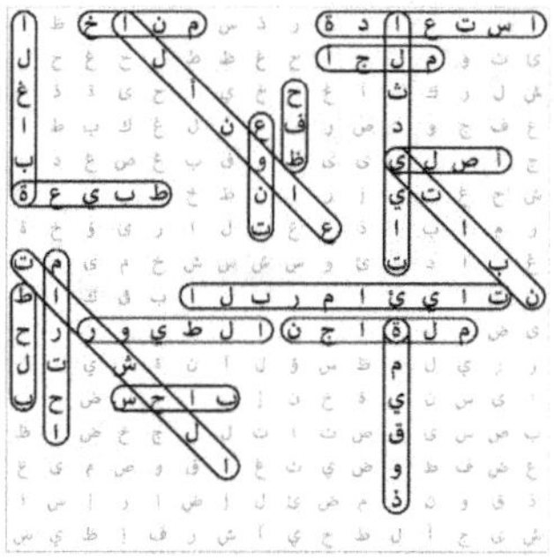

28 - Colores

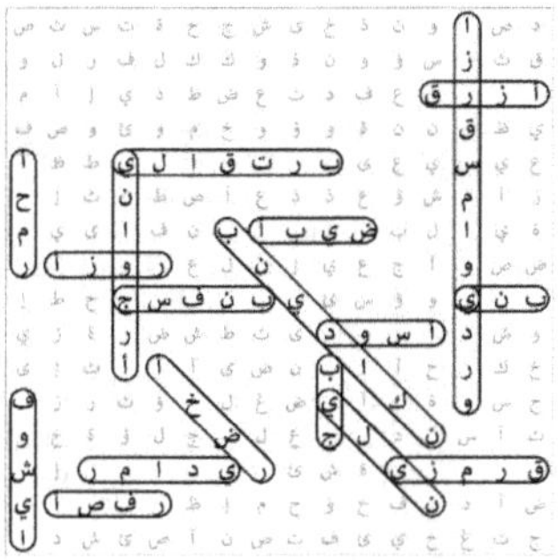

29 - Adjetivos #1

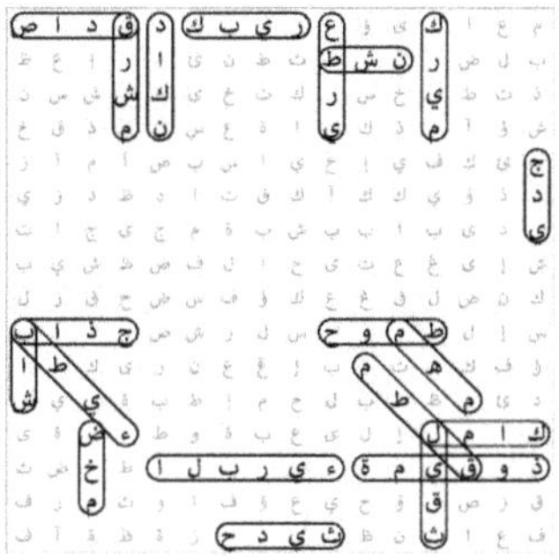

30 - Familia

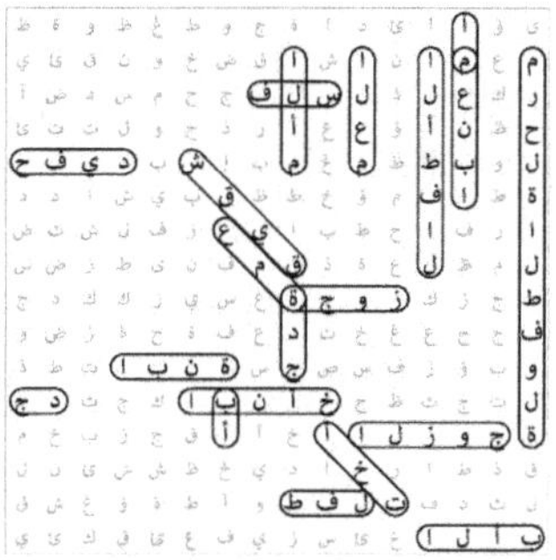

31 - Disciplinas Científicas

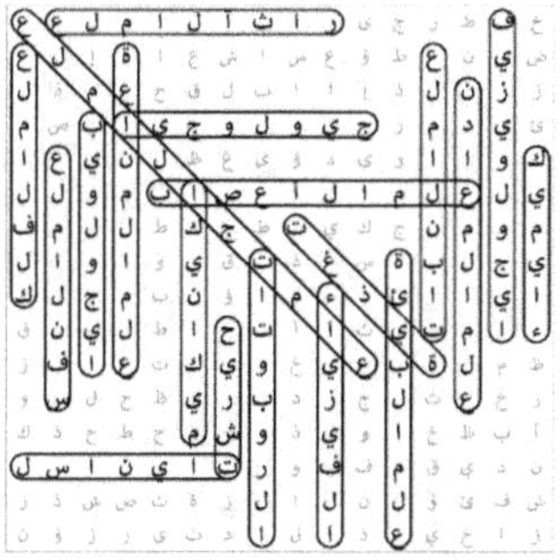

32 - Cocina

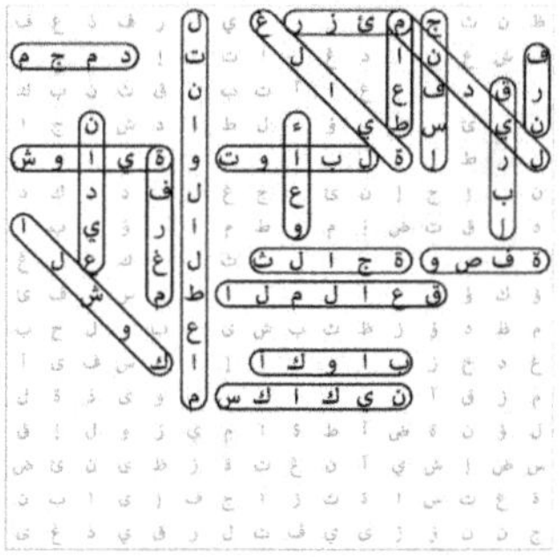

33 - Salud y Bienestar #1

34 - Adjetivos #2

35 - Cuerpo Humano

36 - Calentamiento Gl

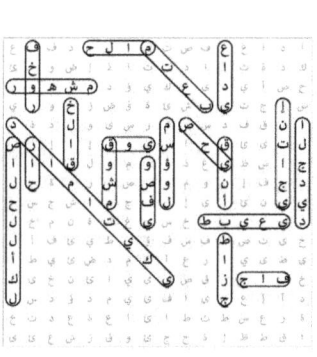

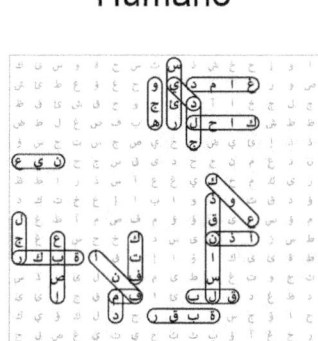

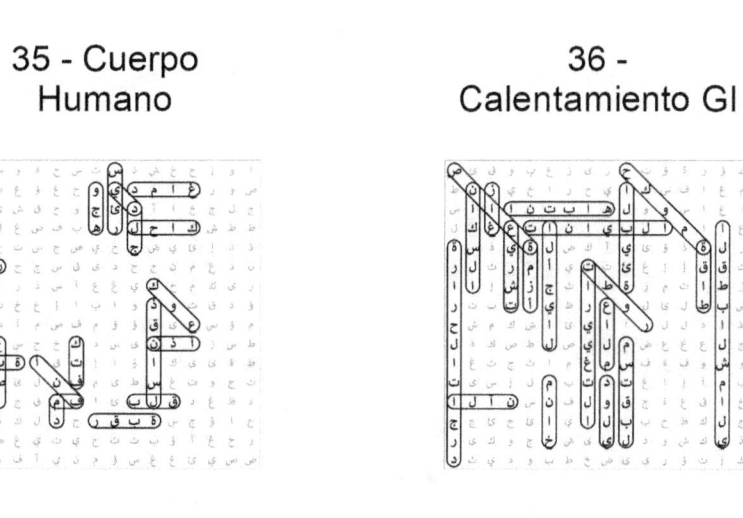

37 - Restaurante #2

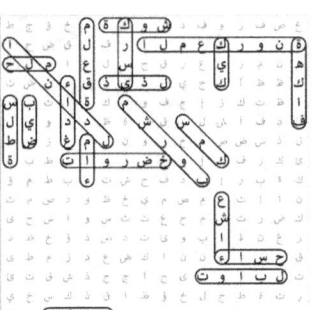

38 - Profesiones #1

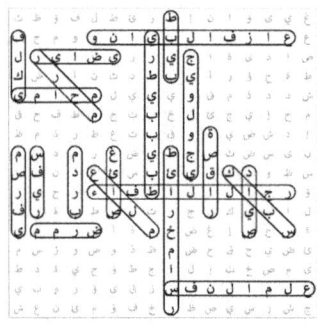

39 - Vehículos

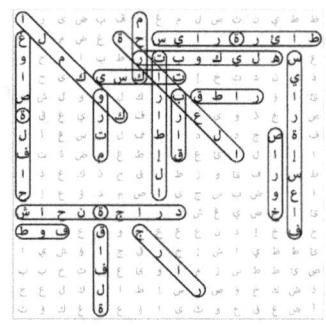

40 - Geometría

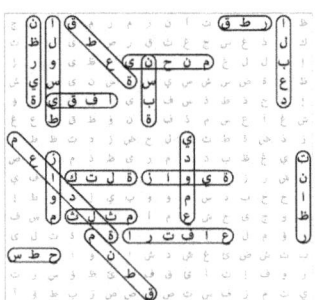

41 - Vacaciones #2

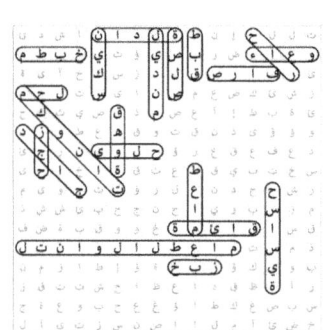

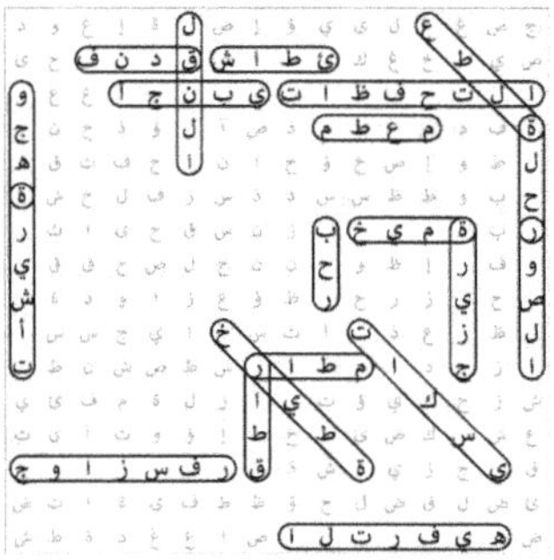

42 - Baile

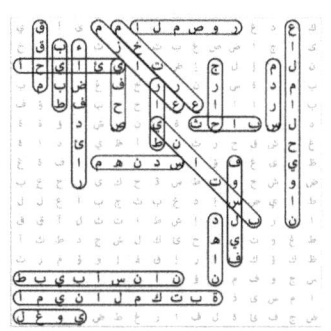

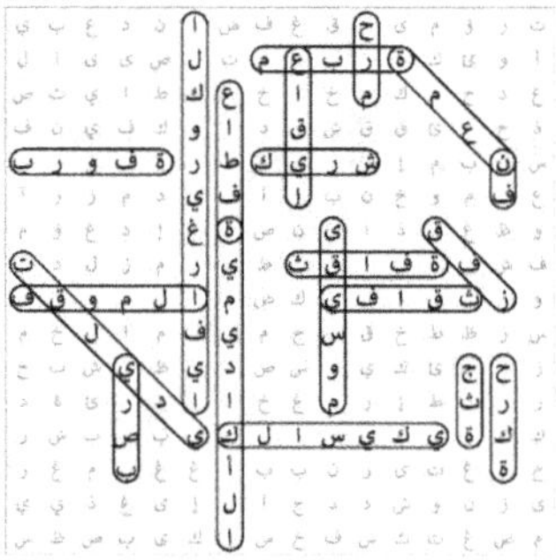

43 - Matemáticas

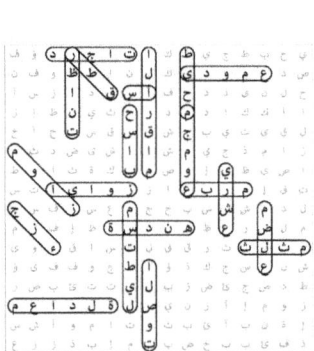

44 - Restaurante #1

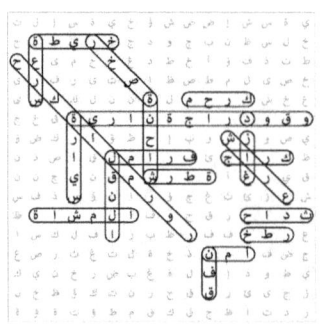

45 - Profesiones #2

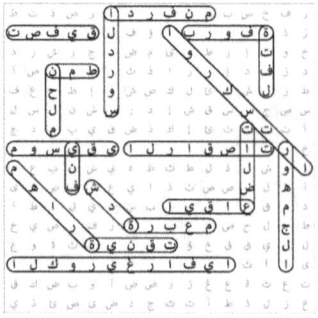

46 - Naturaleza

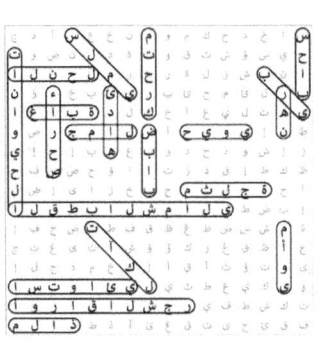

47 - Conduciendo

48 - Ballet

49 - Fuerza y Gravedad

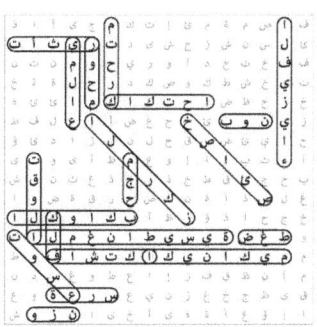

50 - Aventura

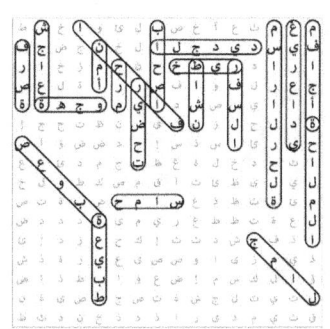

51 - Pájaros

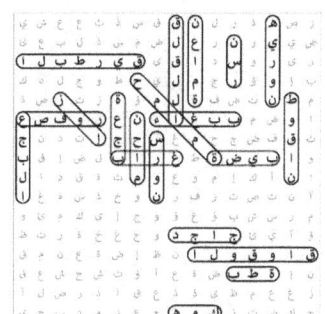

52 - Geografía

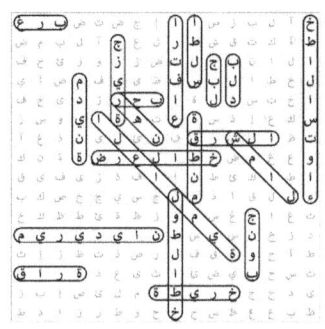

53 - Música

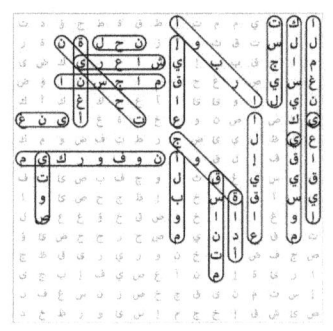

54 - Enfermedad

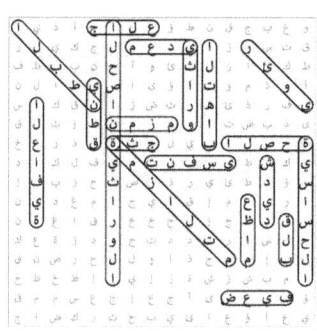

55 - Actividades

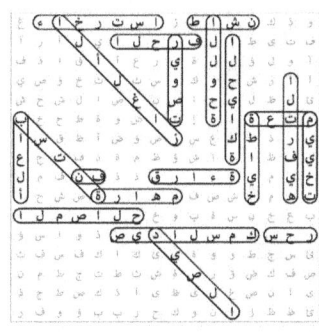

56 - Verduras

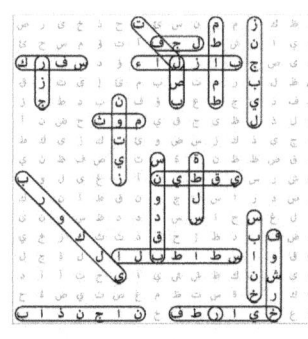

57 - Instrumentos Musicales

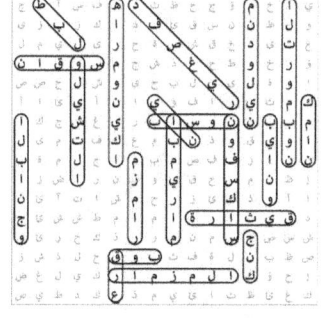

58 - Flores

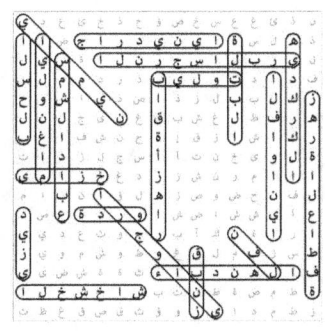

59 - Astronomía

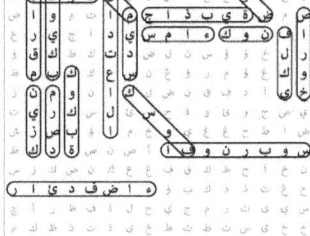

60 - Tiempo

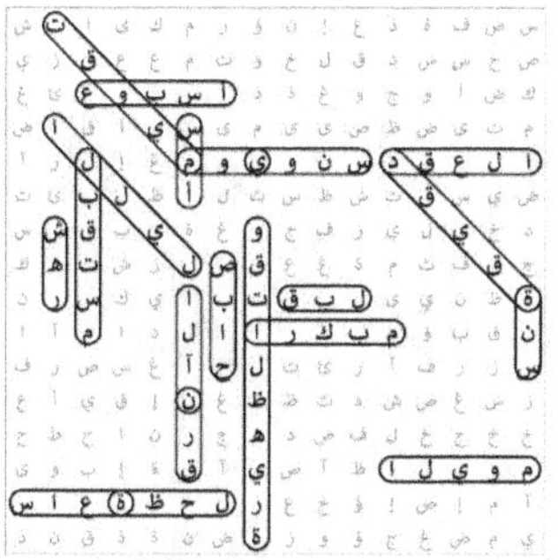

61 - Paisajes

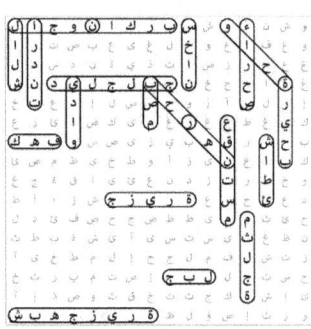

62 - Días y Meses

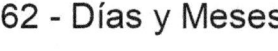

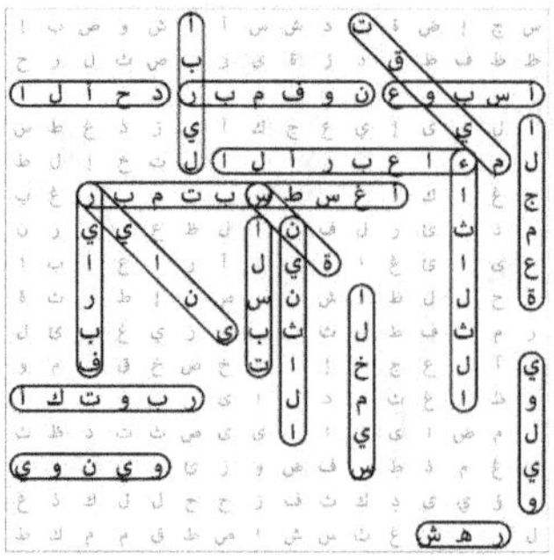

63 - Biología

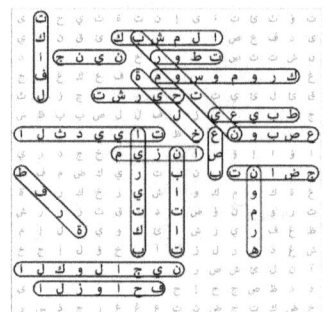

64 - Jardinería

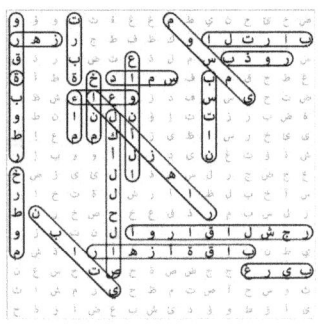

65 - Barbacoas

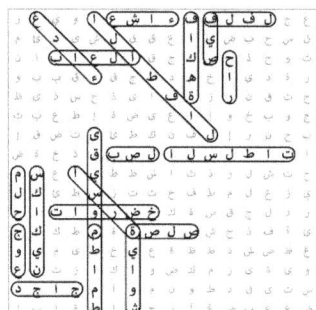

66 - Ropa

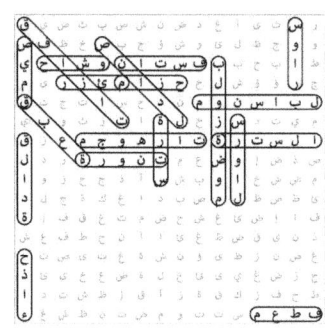

67 - Meditación

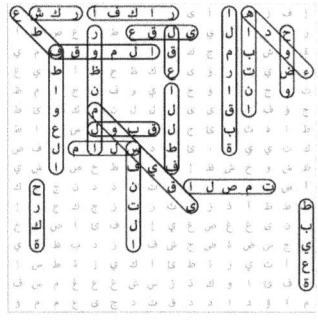

68 - Café

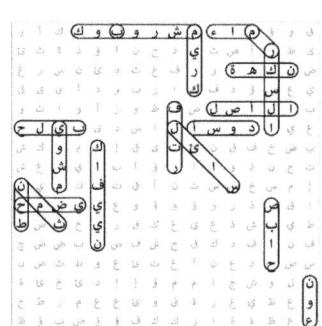

69 - Libros

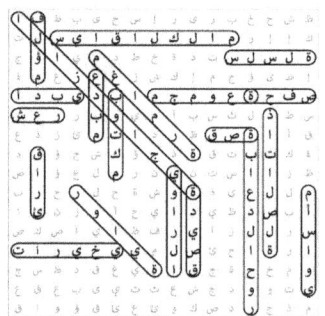

70 - Los Medios de Comunicación

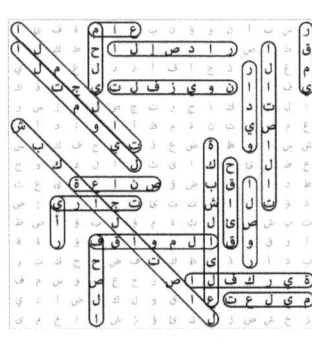

71 - Nutrición

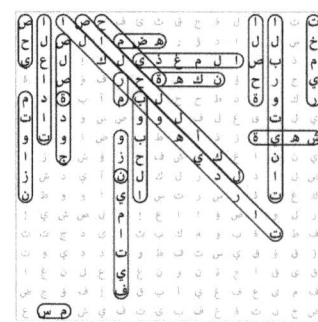

72 - Edificios

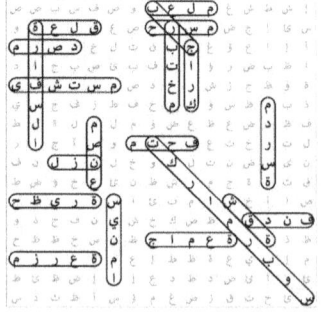

73 - Océano

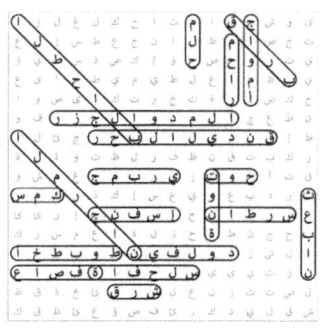

74 - Ciudad

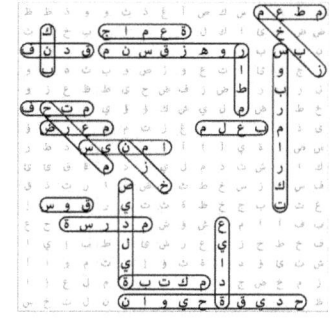

75 - Agronomía

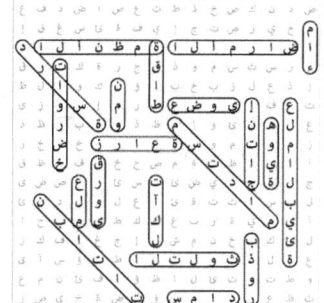

76 - Actividades y Ocio

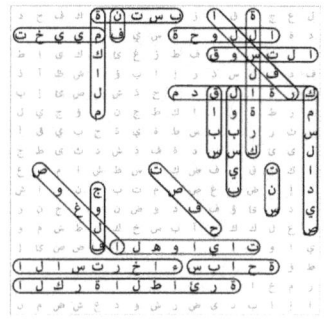

77 - Ingeniería

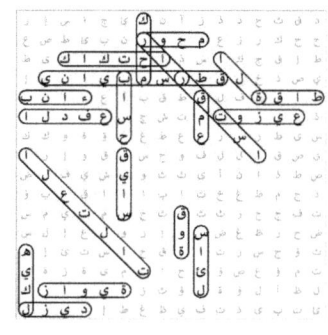

78 - Comida #1

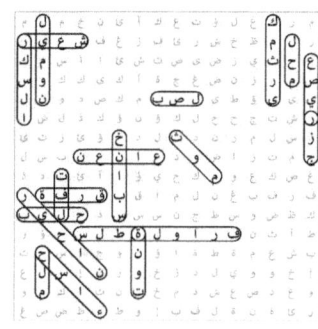

79 - Antigüedades

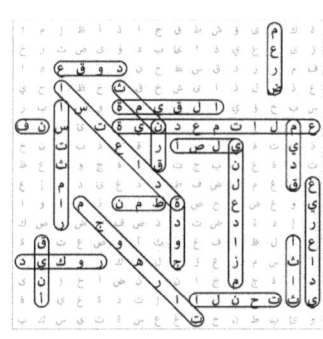

80 - Literatura

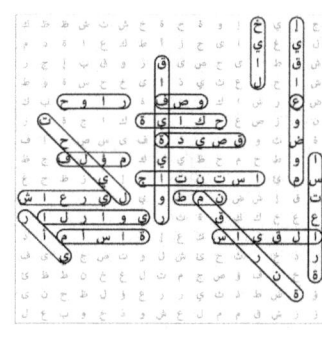

81 - Química

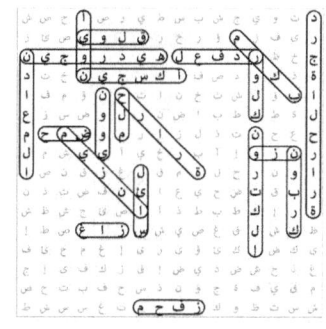

82 - Gobierno

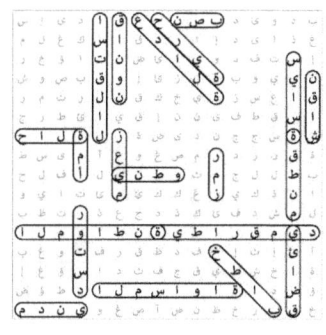

83 - Creatividad

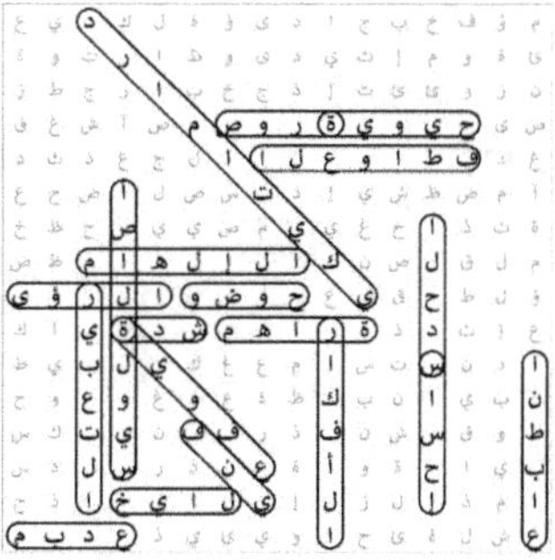

84 - Clima

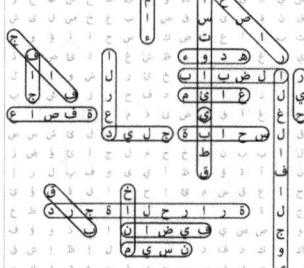

85 - Comida #2

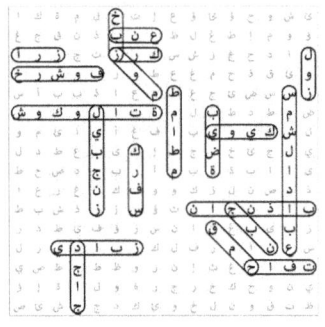

86 - Arte

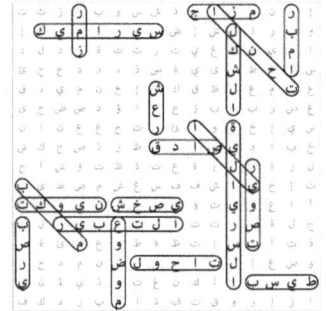

87 - Diplomacia

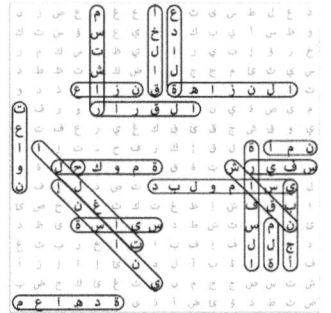

88 - Herboristería

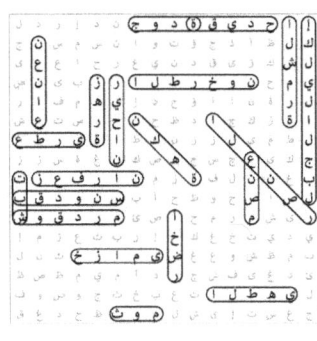

89 - Energía

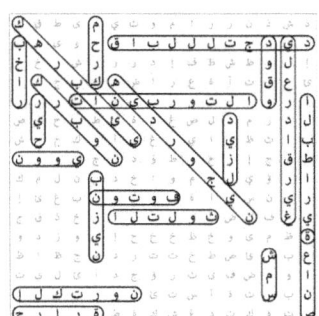

90 - Insectos

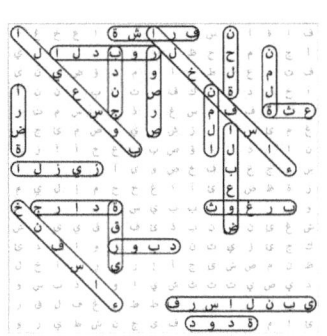

91 - Especias

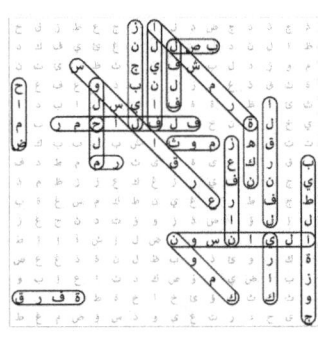

92 - Universo

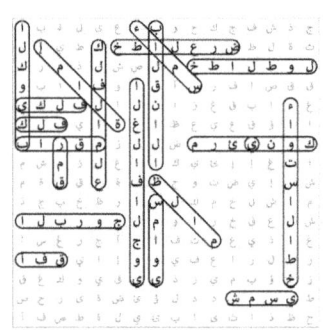

93 - Jazz

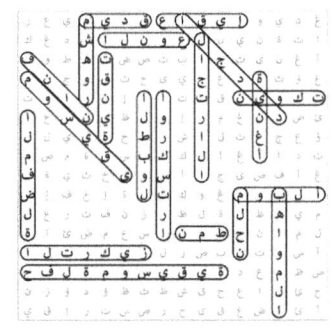

94 - Mediciones

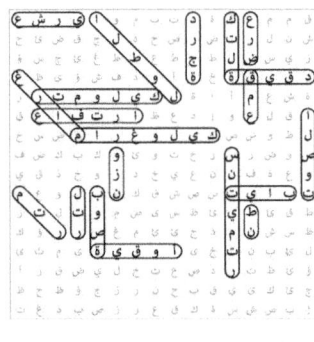

95 - Barcos

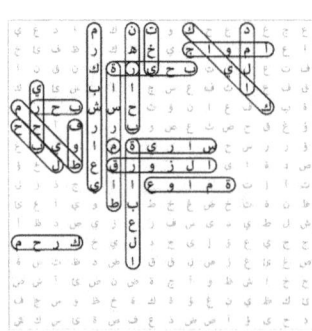

96 - Antártida

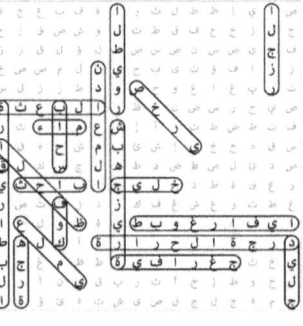

97 - Mamíferos

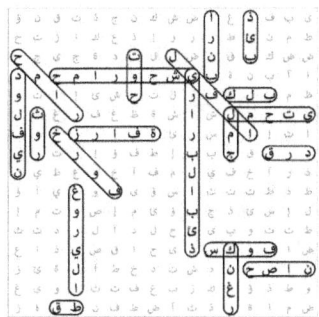

98 - Boxeo

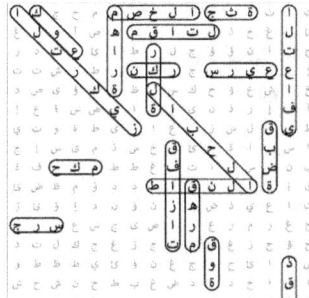

99 - Abejas

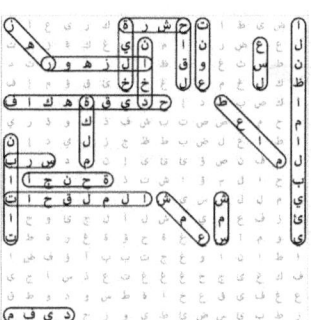

100 - Psicología

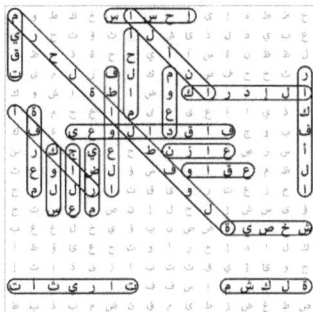

Diccionario

Abejas
النحل

Alas	أجنحة
Beneficioso	مفيد
Cera	شمع
Colmena	خلية
Comida	طعام
Diversidad	تنوع
Ecosistema	النظام البيئي
Enjambre	سرب
Flor	زهر
Flores	الزهور
Fruta	فاكهة
Humo	دخان
Insecto	حشرة
Jardín	حديقة
Miel	عسل
Plantas	نباتات
Polen	لقاح
Polinizador	الملقحات
Reina	ملكة
Sol	شمس

Actividades
الأنشطة

Actividad	نشاط
Arte	فن
Artesanía	الحرف
Camping	تخييم
Caza	الصيد
Costura	خياطة
Fotografía	تصوير
Habilidad	مهارة
Intereses	المصالح
Jardinería	بستنة
Juegos	ألعاب
Lectura	قراءة
Magia	سحر
Ocio	الترفيه
Pesca	صيد السمك
Pintura	اللوحة
Placer	متعة
Relajación	استرخاء
Rompecabezas	الألغاز
Tejer	الحياكة

Actividades y Ocio
الأنشطة والترفيه

Aficiones	الهوايات
Arte	فن
Baloncesto	كرة السلة
Béisbol	بيسبول
Boxeo	ملاكمة
Buceo	الغوص
Camping	تخييم
Carreras	سباق
Compras	التسوق
Fútbol	كرة القدم
Golf	جولف
Jardinería	بستنة
Natación	سباحة
Pesca	صيد السمك
Pintura	اللوحة
Relajante	الاسترخاء
Surf	تصفح
Tenis	تنس
Viaje	السفر
Voleibol	الكرة الطائرة

Adjetivos #1
الصفات #1

Absoluto	مطلق
Activo	نشط
Ambicioso	طموح
Aromático	عطري
Atractivo	جذاب
Brillante	مشرق
Enorme	ضخم
Generoso	كريم
Grande	كبير
Honesto	صادق
Importante	مهم
Inocente	البريء
Joven	شاب
Lento	بطيء
Moderno	حديث
Oscuro	داكن
Perfecto	كامل
Pesado	ثقيل
Serio	جدي
Valioso	ذو قيمة

Adjetivos #2
الصفات #2

Cansado	متعب
Comestible	صالح للأكل
Creativo	خلاق
Descriptivo	وصفي
Dramático	دراماتيكي
Elegante	أنيق
Famoso	مشهور
Fresco	طازج
Fuerte	قوي
Interesante	مشوق
Natural	طبيعي
Normal	عادي
Nuevo	الجديد
Orgulloso	فخور
Picante	حار
Productivo	إنتاجي
Responsable	مسؤول
Salado	مالح
Saludable	صحي
Seco	جاف

Agronomía
الهندسة الزراعية

Agricultura	زراعة
Agua	ماء
Ciencia	علم
Contaminación	التلوث
Crecimiento	نمو
Ecología	علم البيئة
Energía	طاقة
Enfermedades	الأمراض
Erosión	تآكل
Estudio	دراسة
Fertilizante	سماد
Identificación	هوية
Orgánico	عضوي
Plantas	نباتات
Producción	إنتاج
Rural	قروي
Semillas	بذور
Sistemas	الأنظمة
Sostenible	مستدام
Verduras	خضروات

Ajedrez
شطرنج

Aprender	يتعلم
Blanco	أبيض
Campeón	بطل
Concurso	منافسة
Diagonal	قطري
Estrategia	إستراتيجية
Inteligente	ذكي
Juego	لعبه
Jugador	لاعب
Negro	أسود
Oponente	الخصم
Pasivo	مبني للمجهول
Puntos	النقاط
Reglas	قواعد
Reina	ملكة
Rey	ملك
Sacrificio	تضحية
Tiempo	الوقت
Torneo	مسابقة

Antártida
القارة القطبية الجنوبية

Agua	ماء
Bahía	خليج
Científico	علمي
Conservación	الحفظ
Continente	قارة
Ensenada	كوف
Expedición	البعثة
Geografía	جغرافية
Hielo	جليد
Investigador	باحث
Islas	الجزر
Migración	هجرة
Minerales	المعادن
Nubes	سحاب
Pájaros	الطيور
Península	شبه جزيرة
Pingüinos	البطاريق
Rocoso	صخري
Temperatura	درجة الحرارة
Topografía	طبوغرافيا

Antigüedades
التحف

Arte	فن
Auténtico	أصلي
Calidad	جودة
Decorativo	ديكور
Décadas	عقود
Elegante	أنيق
Escultura	النحت
Estilo	نمط
Galería	معرض
Inusual	غير عادي
Inversión	استثمار
Joyas	مجوهرات
Monedas	عملات معدنية
Mueble	أثاث
Precio	ثمن
Restauración	استعادة
Siglo	قرن
Subasta	مزاد علني
Valor	القيمة
Viejo	قديم

Arqueología
علم الآثار

Análisis	تحليل
Años	سنوات
Civilización	الحضارة
Descendiente	سليل
Desconocido	غير معروف
Equipo	فريق
Era	عصر
Evaluación	تقييم
Experto	خبير
Fósil	حفرية
Fragmentos	فتات
Huesos	عظام
Investigador	باحث
Misterio	لغز
Objetos	الكائنات
Olvidado	منسي
Profesor	أستاذ
Reliquia	بقايا
Templo	معبد
Tumba	قبر

Arte
الفن

Cerámica	سيراميك
Complejo	مركب
Composición	تكوين
Escultura	النحت
Expresión	التعبير
Figura	الشكل
Honesto	صادق
Humor	مزاج
Inspirado	ربما
Original	أصلي
Personal	شخصي
Pinturas	لوحات
Poesía	شعر
Retratar	تصوير
Sencillo	بسيط
Símbolo	رمز
Surrealismo	السريالية
Tema	موضوع
Visual	بصري

Astronomía
علم الفلك

Asteroide	الكويكب
Astronauta	رائد فضاء
Astrónomo	فلكي
Cielo	سماء
Cohete	صاروخ
Constelación	كوكبة
Cosmos	عالم
Eclipse	كسوف
Equinoccio	الاعتدال
Gravedad	جاذبية
Luna	قمر
Meteoro	نيزك
Nebulosa	سديم
Observatorio	مرصد
Planeta	كوكب
Radiación	إشعاع
Supernova	سوبرنوفا
Telescopio	مقراب
Tierra	أرض
Universo	كون

Aventura
مغامرة

Actividad	نشاط
Alegría	مرح
Amigos	أصحاب
Belleza	جمال
Destino	وجهة
Dificultad	صعوبة
Entusiasmo	حماس
Excursión	انحراف
Inusual	غير عادي
Itinerario	مسار الرحلة
Naturaleza	طبيعة
Navegación	الملاحة
Nuevo	الجديد
Oportunidad	فرصة
Peligroso	خطير
Preparación	تحضير
Seguridad	أمن
Sorprendente	مفاجأة
Valentía	شجاعة
Viajes	السفر

Aviones
الطائرات

Aire	هواء
Altura	ارتفاع
Aterrizaje	هبوط
Atmósfera	الغلاف الجوي
Aventura	مغامرة
Cielo	سماء
Combustible	وقود
Construcción	بناء
Dirección	اتجاه
Diseño	التصميم
Globo	بالون
Hélices	مراوح
Hidrógeno	هيدروجين
Historia	التاريخ
Motor	محرك
Navegar	التنقل
Pasajero	راكب
Piloto	طيار
Tripulación	طاقم
Turbulencia	اضطراب

Álgebra
الجبر

Cantidad	كمية
Cero	صفر
Diagrama	رسم بياني
Ecuación	معادلة
Exponente	أس
Factor	عامل
Falso	خطأ
Fracción	جزء
Gráfico	الرسم البياني
Infinito	لانهائي
Lineal	خطي
Matriz	مصفوفة
Número	رقم
Paréntesis	قوس
Problema	مشكلة
Resta	الطرح
Simplificar	تبسيط
Solución	حل
Suma	مجموع
Variable	متغير

Baile
الرقص

Academia	الأكاديمية
Alegre	مرح
Arte	فن
Clásico	كلاسيكي
Coreografía	الكوريغرافيا
Cuerpo	جثة
Cultura	ثقافة
Cultural	ثقافي
Emoción	عاطفة
Ensayo	بروفة
Expresivo	معبرة
Gracia	نعمة
Movimiento	حركة
Música	موسيقى
Postura	الموقف
Ritmo	إيقاع
Saltar	قفز
Socio	شريك
Tradicional	تقليدي
Visual	بصري

Ballet
باليه

Aplauso	تصفيق
Artístico	فني
Audiencia	الجمهور
Bailarines	الراقصات
Compositor	ملحن
Coreografía	الكوريغرافيا
Ensayo	بروفة
Estilo	نمط
Expresivo	معبرة
Gesto	لفتة
Habilidad	مهارة
Intensidad	شدة
Lecciones	الدروس
Músculos	عضلات
Música	موسيقى
Orquesta	أوركسترا
Ritmo	إيقاع
Solo	منفرد
Técnica	تقنية

Barbacoas
حفلات الشواء

Almuerzo	غداء
Caliente	حار
Cebollas	بصل
Cena	عشاء
Cuchillos	سكاكين
Ensaladas	السلطات
Familia	أسرة
Fruta	فاكهة
Hambre	جوع
Juegos	ألعاب
Música	موسيقى
Niños	الأطفال
Parrilla	شواية
Pimienta	فلفل
Pollo	دجاج
Sal	ملح
Salsa	صلصة
Tomates	طماطم
Verano	صيف
Verduras	خضروات

Barcos
القوارب

Ancla	مرساة
Balsa	طوف
Boya	عوامة
Canoa	الزورق
Cuerda	حبل
Ferry	العبارة
Kayak	كاياك
Lago	بحيرة
Mar	بحر
Marea	المد
Marinero	بحار
Mástil	سارية
Motor	محرك
Náutico	بحري
Océano	محيط
Olas	أمواج
Río	نهر
Tripulación	طاقم
Velero	مركب شراعي
Yate	يخت

Belleza
بيوتي

Aceites	زيوت
Aroma	رائحة
Champú	شامبو
Color	اللون
Elegancia	أناقة
Elegante	أنيق
Encanto	سحر
Espejo	مرآة
Estilista	حلاق
Fotogénico	رقيق
Fragancia	عطور
Gracia	نعمة
Maquillaje	ماكياج
Piel	جلد
Pintalabios	أحمر الشفاه
Productos	منتجات
Rizos	تجعيد الشعر
Rímel	ماسكارا
Servicios	خدمات
Tijeras	مقص

Biología
علم الأحياء

Anatomía	تشريح
Bacterias	بكتيريا
Celda	خلية
Colágeno	الكولاجين
Cromosoma	كروموسوم
Embrión	جنين
Enzima	انزيم
Evolución	تطور
Hormona	هرمون
Mamífero	الثدييات
Mutación	طفرة
Natural	طبيعي
Nervio	عصب
Neurona	عصبون
Ósmosis	تناضح
Plantas	نباتات
Proteína	بروتين
Reptil	الزواحف
Simbiosis	تكافل
Sinapsis	المشبك

Boxeo
ملاكمة

Árbitro	حكم
Barbilla	ذقن
Campana	جرس
Centrar	التركيز
Codo	كوع
Cuerdas	الحبال
Cuerpo	جثة
Esquina	ركن
Exhausto	مرهق
Fuerza	قوة
Guantes	قفازات
Habilidad	مهارة
Luchador	مقاتل
Oponente	الخصم
Patear	ركلة
Puntos	النقاط
Puño	قبضة
Rápido	سريع
Recuperación	التعافي

Café
قهوة

Agua	ماء
Amargo	مر
Asado	مشوي
Azúcar	السكر
Ácido	حمضي
Bebida	مشروب
Cafeína	كافيين
Crema	كريم
Filtro	فلتر
Leche	حليب
Líquido	سائل
Mañana	صباح
Moler	طحن
Negro	أسود
Origen	الأصل
Precio	ثمن
Sabor	نكهة
Taza	كوب
Variedad	نوع

Calentamiento Global
الاحتباس الحراري

Ahora	الآن
Ambiental	البيئة
Atención	انتباه
Ártico	القطب الشمالي
Cambios	التغييرات
Científico	عالم
Clima	مناخ
Crisis	أزمة
Datos	البيانات
Desarrollo	تطور
Energía	طاقة
Futuro	مستقبل
Gas	غاز
Generaciones	الأجيال
Gobierno	حكومة
Industria	صناعة
Internacional	دولي
Legislación	تشريع
Poblaciones	السكان
Temperaturas	درجات الحرارة

Camping
عسكرة

Animales	الحيوانات
Aventura	مغامرة
Árboles	الأشجار
Bosque	غابة
Brújula	بوصلة
Cabina	المقصورة
Canoa	الزورق
Caza	الصيد
Cuerda	حبل
Equipo	معدات
Fuego	نار
Hamaca	أرجوحة
Insecto	حشرة
Lago	بحيرة
Linterna	فانوس
Luna	قمر
Mapa	خريطة
Montaña	جبل
Naturaleza	طبيعة
Sombrero	قبعة

Casa
منزل

Alfombra	سجادة
Ático	علبه
Biblioteca	مكتبة
Chimenea	مدخنة
Cocina	مطبخ
Dormitorio	غرفة نوم
Ducha	دش
Escoba	مكنسة
Espejo	مرآة
Garaje	كراج
Grifo	صنبور
Jardín	حديقة
Lámpara	مصباح
Pared	حائط
Piso	أرضية
Puerta	باب
Sótano	قبو
Techo	سقف
Valla	سياج
Ventana	نافذة

Ciencia Ficción
الخيال العلمي

Atómico	ذري
Cine	سينما
Distante	بعيد
Escenario	السيناريو
Explosión	انفجار
Extremo	مفرط
Fantástico	رائع
Fuego	نار
Futurista	مستقبلية
Ilusión	وهم
Imaginario	وهمي
Libros	الكتب
Misterioso	غامض
Mundo	العالمية
Oráculo	وحي
Planeta	كوكب
Realista	واقعي
Robots	الروبوتات
Tecnología	تقنية
Utopía	يوتوبيا

Ciudad
مدينة

Aeropuerto	مطار
Banco	بنك
Biblioteca	مكتبة
Cine	سينما
Clínica	عيادة
Escuela	مدرسة
Estadio	ملعب
Farmacia	صيدلية
Florista	منسق زهور
Galería	معرض
Hotel	فندق
Mercado	سوق
Museo	متحف
Panadería	مخبز
Restaurante	مطعم
Supermercado	سوبر ماركت
Teatro	مسرح
Tienda	خزن
Universidad	جامعة
Zoo	حديقة حيوان

Clima
الطقس

Atmósfera	الغلاف الجوي
Brisa	نسيم
Calma	هدوء
Cielo	سماء
Clima	مناخ
Hielo	جليد
Inundación	فيضان
Niebla	الضباب
Nube	سحابة
Nublado	غائم
Polar	قطبي
Rayo	برق
Seco	جاف
Sequía	جفاف
Temperatura	درجة الحرارة
Tormenta	عاصفة
Tornado	إعصار
Tropical	استوائي
Trueno	الرعد
Viento	ريح

Cocina
مطبخ

Caldera	غلاية
Comer	لتناول الطعام
Comida	طعام
Congelador	مجمد
Cucharas	الملاعق
Cucharón	مغرفة
Cuchillos	سكاكين
Delantal	مئزر
Especias	توابل
Esponja	إسفنج
Horno	فرن
Jarra	إبريق
Palillos	عيدان
Parrilla	شواية
Receta	وصفة
Refrigerador	ثلاجة
Servilleta	منديل
Tazas	أكواب
Tazón	وعاء
Tenedores	الشوك

Colores
الألوان

Amarillo	أصفر
Azul	أزرق
Azur	أزور
Beige	بيج
Blanco	أبيض
Carmesí	قرمزي
Cian	ازرق سماوي
Fucsia	فوشيا
Gris	رمادي
Índigo	نيلي
Marrón	بني
Naranja	برتقالي
Negro	أسود
Púrpura	أرجواني
Rojo	أحمر
Rosa	وردي
Sepia	بني داكن
Verde	أخضر
Violeta	بنفسج

Comida #1
الغذاء #1

Ajo	ثوم
Albahaca	ريحان
Atún	تونة
Azúcar	السكر
Canela	قرفة
Carne	لحم
Cebada	شعير
Cebolla	بصل
Ensalada	سلطة
Espinacas	سبانخ
Fresa	فراولة
Jugo	عصير
Leche	حليب
Limón	ليمون
Menta	نعناع
Nabo	لفت
Pera	كمثرى
Sal	ملح
Sopa	حساء
Zanahoria	جزر

Comida #2
الغذاء #2

Alcachofa	خرشوف
Almendra	لوز
Apio	كرفس
Arroz	أرز
Berenjena	باذنجان
Cereza	كرز
Chocolate	شوكولاتة
Girasol	عباد الشمس
Huevo	بيضة
Jengibre	زنجبيل
Kiwi	كيوي
Manzana	تفاح
Pan	خبز
Plátano	موز
Pollo	دجاج
Queso	جبن
Tomate	طماطم
Trigo	قمح
Uva	عنب
Yogur	زبادي

Conduciendo
القيادة

Accidente	حادث
Calle	شارع
Camión	شاحنة
Coche	سيارة
Combustible	وقود
Frenos	فرامل
Garaje	كراج
Gas	غاز
Licencia	رخصة
Mapa	خريطة
Motocicleta	دراجة نارية
Motor	محرك
Peatonal	المشاة
Peligro	خطر
Policía	شرطة
Seguridad	أمن
Transporte	النقل
Tráfico	حركة المرور
Túnel	نفق
Velocidad	سرعة

Creatividad
الإبداع

Artístico	فني
Autenticidad	أصالة
Claridad	وضوح
Dramático	دراماتيكي
Emociones	العواطف
Espontáneo	عفوية
Expresión	التعبير
Fluidez	سيولة
Habilidad	مهارة
Ideas	الأفكار
Imagen	صورة
Imaginación	خيال
Impresión	انطباع
Inspiración	الإلهام
Intensidad	شدة
Intuición	الحدس
Inventivo	مبدع
Sensación	إحساس
Visiones	الرؤى
Vitalidad	حيوية

Cuerpo Humano
جسم الإنسان

Barbilla	ذقن
Boca	فم
Cabeza	رئيس
Cara	وجه
Cerebro	دماغ
Codo	كوع
Corazón	قلب
Cuello	رقبة
Dedo	إصبع
Hombro	كتف
Lengua	لسان
Mano	يد
Nariz	أنف
Ojo	عين
Oreja	أذن
Piel	جلد
Pierna	رجل
Rodilla	ركبة
Sangre	دم
Tobillo	كاحل

Diplomacia
الدبلوماسية

Asesor	مستشار
Comunidad	ملة
Conflicto	نزاع
Cooperación	تعاون
Diplomático	دبلوماسي
Discusión	نقاش
Embajada	السفارة
Embajador	سفير
Extranjero	أجنبي
Ética	أخلاق
Gobierno	حكومة
Humanitario	إنساني
Idiomas	اللغات
Integridad	النزاهة
Justicia	عدالة
Política	سياسة
Resolución	القرار
Seguridad	أمن
Solución	حل
Tratado	معاهدة

Disciplinas Científicas
التخصصات العلمية

Anatomía	تشريح
Arqueología	علم الآثار
Astronomía	علم الفلك
Biología	بيولوجيا
Botánica	علم النبات
Ecología	علم البيئة
Fisiología	فيزيولوجيا
Física	الفيزياء
Geología	جيولوجيا
Inmunología	علم المناعة
Lingüística	لسانيات
Mecánica	ميكانيك
Mineralogía	علم المعادن
Neurología	علم الأعصاب
Nutrición	تغذية
Psicología	علم النفس
Química	كيمياء
Robótica	الروبوتات
Sociología	علم الاجتماع
Zoología	علم الحيوان

Días y Meses
الأيام والأشهر

Abril	أبريل
Agosto	أغسطس
Año	سنة
Calendario	تقويم
Domingo	الأحد
Enero	يناير
Febrero	فبراير
Jueves	الخميس
Julio	يوليو
Junio	يونيو
Lunes	الاثنين
Martes	الثلاثاء
Mes	شهر
Miércoles	الأربعاء
Noviembre	نوفمبر
Octubre	أكتوبر
Sábado	السبت
Semana	أسبوع
Septiembre	سبتمبر
Viernes	الجمعة

Ecología
علم البيئة

Clima	مناخ
Comunidades	مجتمعات
Diversidad	تنوع
Especie	الأنواع
Fauna	الحيوانات
Flora	النباتية
Global	عالمي
Hábitat	الموئل
Marino	البحرية
Natural	طبيعي
Naturaleza	طبيعة
Pantano	اهوار
Plantas	نباتات
Recursos	الموارد
Sequía	جفاف
Sostenible	مستدام
Supervivencia	نجاة
Variedad	نوع
Vegetación	نبت
Voluntarios	المتطوعون

Edificios
المباني

Albergue	نزل
Apartamento	شقة
Castillo	قلعة
Cine	سينما
Embajada	السفارة
Escuela	مدرسة
Estadio	ملعب
Fábrica	مصنع
Garaje	كراج
Granero	حظيرة
Granja	مزرعة
Hospital	مستشفى
Hotel	فندق
Laboratorio	مختبر
Museo	متحف
Observatorio	مرصد
Supermercado	سوبر ماركت
Teatro	مسرح
Torre	برج
Universidad	جامعة

Energía
الطاقة

Batería	البطارية
Calor	حرارة
Carbono	كربون
Combustible	وقود
Contaminación	التلوث
Diesel	ديزل
Electrón	إلكترون
Eléctrico	كهربائي
Entropía	غير قادر علي
Fotón	فوتون
Gasolina	بنزين
Hidrógeno	هيدروجين
Industria	صناعة
Motor	محرك
Nuclear	نووي
Renovable	قابل للتجديد
Sol	شمس
Turbina	التوربينات
Vapor	بخار
Viento	ريح

Enfermedad
مرض

Abdominal	البطن
Agudo	شديد
Alergias	الحساسية
Bienestar	العافية
Contagioso	معدي
Corazón	قلب
Crónica	مزمن
Cuerpo	جثة
Débil	ضعيف
Genético	الوراثية
Hereditario	وراثي
Huesos	عظام
Inflamación	التهاب
Inmunidad	الحصانة
Lumbar	قطني
Pulmonar	رئوي
Respiratorio	تنفسي
Salud	الصحة
Síndrome	متلازمة
Terapia	علاج

Especias
التوابل

Agrio	حامض
Ajo	ثوم
Amargo	مر
Anís	اليانسون
Azafrán	زعفران
Canela	قرفة
Cebolla	بصل
Clavo	القرنفل
Comino	كمون
Curry	كاري
Dulce	حلو
Hinojo	الشمرة
Jengibre	زنجبيل
Nuez Moscada	جوزة الطيب
Pimentón	فلفل أحمر
Pimienta	فلفل
Regaliz	عرق السوس
Sabor	نكهة
Sal	ملح
Vainilla	الفانيل

Ética
الأخلاق

Altruismo	إيثار
Bondad	اللطف
Compasión	عطف
Cooperación	تعاون
Dignidad	كرامة
Diplomático	دبلوماسي
Filosofía	فلسفة
Honestidad	الصدق
Humanidad	إنسانية
Individualismo	الفردية
Integridad	النزاهة
Optimismo	تفاؤل
Paciencia	صبر
Racionalidad	العقلانية
Razonable	معقول
Realismo	الواقعية
Respetuoso	محترم
Sabiduría	حكمة
Tolerancia	التسامح
Valores	القيم

Familia
عائلة

Abuela	جدة
Abuelo	جد
Antepasado	سلف
Esposa	زوجة
Hermana	أخت
Hermano	شقيق
Hija	ابنة
Infancia	مرحلة الطفولة
Madre	أم
Marido	الزوج
Materno	الأم
Nieto	حفيد
Niño	طفل
Niños	الأطفال
Padre	أب
Paterno	الأب
Primo	ابن عم
Sobrino	ابن أخ
Tía	عمة
Tío	العم

Física
الفيزياء

Aceleración	تسريع
Átomo	ذرة
Caos	فوضى
Densidad	كثافة
Electrón	إلكترون
Fórmula	معادلة
Frecuencia	تردد
Gas	غاز
Gravedad	جاذبية
Magnetismo	المغناطيسية
Masa	كتلة
Mecánica	ميكانيكا
Molécula	مركب
Motor	محرك
Nuclear	نووي
Partícula	جسيم
Relatividad	النسبية
Universal	عالمي
Variable	متغير
Velocidad	سرعة

Flores
زهور

Amapola	الخشخاش
Diente de León	الهندباء
Gardenia	جاردينيا
Girasol	عباد الشمس
Hibisco	الكركديه
Jazmín	ياسمين
Lavanda	خزامى
Lila	أرجواني
Lirio	زنبق
Magnolia	ماغنوليا
Margarita	ديزي
Narciso	النرجس البري
Orquídea	السحلب
Pasionaria	زهرة العاطفة
Peonía	الفاوانيا
Pétalo	البتلة
Ramo	باقة أزهار
Rosa	وردة
Trébol	نفل
Tulipán	توليب

Fruta
فاكهة

Aguacate	أفوكادو
Albaricoque	مشمش
Baya	بيري
Cereza	كرز
Ciruela	برقوق
Coco	جوز الهند
Frambuesa	توت العليق
Granada	رمان
Kiwi	كيوي
Limón	ليمون
Mango	مانجو
Manzana	تفاح
Melocotón	خوخ
Melón	شمام
Naranja	برتقالي
Papaya	بابايا
Pera	كمثرى
Piña	أناناس
Plátano	موز
Uva	عنب

Fuerza y Gravedad
القوة والجاذبية

Centro	المركز
Descubrimiento	اكتشاف
Dinámico	متحرك
Distancia	بون
Eje	محور
Expansión	توسع
Física	الفيزياء
Fricción	احتكاك
Impacto	تأثير
Magnetismo	المغناطيسية
Magnitud	حجم
Mecánica	ميكانيكا
Órbita	فلك
Peso	وزن
Planetas	الكواكب
Presión	ضغط
Propiedades	خصائص
Tiempo	الوقت
Universal	عالمي
Velocidad	سرعة

Geografía
الجغرافيا

Altitud	ارتفاع
Atlas	أطلس
Ciudad	مدينة
Continente	قارة
Ecuador	خط الاستواء
Este	الشرق
Isla	جزيرة
Latitud	خط العرض
Longitud	خط الطول
Mapa	خريطة
Mar	بحر
Meridiano	ميريديان
Montaña	جبل
Mundo	العالمية
Norte	شمال
Oeste	غرب
País	بلد
Río	نهر
Sur	جنوب
Territorio	منطقة

Geología
جيولوجيا

Ácido	حمض
Calcio	الكالسيوم
Capa	طبقة
Caverna	كهف
Continente	قارة
Coral	المرجان
Cristales	بلورات
Cuarzo	مرو
Erosión	تآكل
Estalagmitas	الصواعد
Fósil	حفرية
Géiser	سخان
Lava	الحمم
Meseta	هضبة
Minerales	المعادن
Piedra	حجر
Sal	ملح
Terremoto	زلزال
Volcán	بركان
Zona	منطقة

Geometría
الهندسة

Altura	ارتفاع
Ángulo	زاوية
Cálculo	حساب
Curva	منحنى
Diámetro	قطر
Dimensión	البعد
Ecuación	معادلة
Horizontal	أفقي
Lógica	منطق
Masa	كتلة
Mediana	الوسيط
Número	رقم
Paralelo	مواز
Proporción	نسبة
Segmento	قطعة
Simetría	تناظر
Superficie	سطح
Teoría	نظرية
Triángulo	مثلث
Vertical	عمودي

Gobierno
الحكومة

Ciudadanía	المواطنة
Civil	مدني
Constitución	دستور
Democracia	ديمقراطية
Discurso	خطاب
Discusión	نقاش
Distrito	منطقة
Estado	حالة
Igualdad	المساواة
Independencia	استقلال
Judicial	قضائي
Justicia	عدالة
Ley	قانون
Libertad	حرية
Líder	زعيم
Monumento	نصب
Nacional	وطني
Nación	أمة
Política	سياسة
Símbolo	رمز

Granja #1
مزرعة #1

Abeja	نحلة
Agricultura	زراعة
Agua	ماء
Arroz	أرز
Burro	حمار
Caballo	حصان
Cabra	ماعز
Campo	حقل
Cuervo	غراب
Fertilizante	سماد
Gato	قط
Heno	تبن
Miel	عسل
Perro	كلب
Pollo	دجاج
Semillas	بذور
Ternero	عجل
Tierra	الأرض
Vaca	بقرة
Valla	سياج

Granja #2
مزرعة #2

Agricultor	مزارع
Animales	الحيوانات
Cebada	شعير
Comida	طعام
Fruta	فاكهة
Granero	حظيرة
Huerto	بستان
Leche	حليب
Llama	لهب
Maduro	ناضج
Maíz	حبوب ذرة
Molino	طاحونة هوائية
Oveja	خروف
Pastor	الراعي
Pato	بطة
Prado	مرج
Riego	الري
Tractor	جرار
Trigo	قمح
Vegetal	الخضروات

Herboristería
الأعشاب

Ajo	ثوم
Albahaca	ريحان
Aromático	عطري
Azafrán	زعفران
Calidad	جودة
Culinario	الطهي
Eneldo	شبت
Estragón	الطرخون
Flor	زهرة
Hinojo	الشمرة
Ingrediente	العنصر
Jardín	حديقة
Lavanda	خزامى
Mejorana	مردقوش
Menta	نعناع
Perejil	بقدونس
Planta	مصنع
Romero	إكليل الجبل
Sabor	نكهة
Verde	أخضر

Ingeniería
الهندسة

Ángulo	زاوية
Cálculo	حساب
Construcción	بناء
Diagrama	رسم بياني
Diámetro	قطر
Diesel	ديزل
Distribución	توزيع
Eje	محور
Energía	طاقة
Estabilidad	استقرار
Estructura	هيكل
Fricción	احتكاك
Fuerza	قوة
Líquido	سائل
Máquina	آلة
Medición	قياس
Motor	محرك
Palancas	العتلات
Profundidad	عمق
Propulsión	الدفع

Insectos
الحشرات

Abeja	نحلة
Avispa	دبور
Avispón	الدبور
Áfido	المن
Cigarra	الزيز
Cucaracha	صرصور
Escarabajo	خنفساء
Gusano	دودة
Hormiga	نملة
Langosta	جرادة
Larva	يرقة
Libélula	اليعسوب
Mantis	فرس النبي
Mariposa	فراشة
Mariquita	الخنفساء
Mosquito	البعوض
Polilla	عثة
Pulga	برغوث
Saltamontes	جندب
Termita	أرضة

Instrumentos Musicales
آلات موسيقية

Armónica	هارمونيكا
Arpa	جنك
Banjo	البانجو
Clarinete	مزمار
Fagot	باسون
Flauta	ناي
Gong	ناقوس
Guitarra	قيثارة
Mandolina	مندولين
Marimba	ماريمبا
Oboe	المزمار
Pandereta	دف صغير
Percusión	قرع
Piano	بيانو
Saxofón	ساكسفون
Tambor	طبل
Trombón	الترومبون
Trompeta	بوق
Violín	كمان
Violonchelo	التشيلو

Jardinería
البستنة

Agua	ماء
Botánico	نباتي
Clima	مناخ
Comestible	صالح للأكل
Compost	دماس
Contenedor	وعاء
Especie	الأنواع
Estacional	موسمي
Exótico	غريب
Flor	زهر
Floral	الأزهار
Follaje	أوراق الشجر
Hoja	ورقة
Huerto	بستان
Humedad	رطوبة
Manguera	خرطوم
Ramo	باقة أزهار
Semillas	بذور
Suciedad	التراب
Suelo	تربة

Jardín
حديقة

Arbusto	شوب
Árbol	شجرة
Banco	مقعد
Estanque	بركة
Flor	زهرة
Garaje	كراج
Hamaca	أرجوحة
Hierba	عشب
Huerto	بستان
Jardín	حديقة
Malezas	الأعشاب
Manguera	خرطوم
Pala	مجرفة
Porche	رواق
Rastrillo	أشعل النار
Rocas	الصخور
Suelo	تربة
Terraza	مصطبة
Trampolín	الترامبولين
Valla	سياج

Jazz
موسيقى الجاز

Artista	فنان
Álbum	ألبوم
Canción	أغنية
Composición	تكوين
Compositor	ملحن
Concierto	حفلة موسيقية
Estilo	نمط
Énfasis	التركيز
Famoso	مشهور
Favoritos	المفضلة
Género	النوع
Improvisación	الارتجال
Música	موسيقى
Nuevo	الجديد
Orquesta	أوركسترا
Ritmo	إيقاع
Talento	المواهب
Tambores	الطبول
Técnica	تقنية
Viejo	قديم

La Empresa
الشركة

Calidad	جودة
Creativo	خلاق
Decisión	قرار
Empleo	توظيف
Global	عالمي
Industria	صناعة
Ingresos	إيرادات
Innovador	مبتكر
Inversión	استثمار
Negocio	عمل
Posibilidad	إمكانية
Presentación	عرض
Producto	المنتج
Profesional	محترف
Progreso	تقدم
Recursos	الموارد
Reputación	سمعة
Riesgos	المخاطر
Tendencias	اتجاهات
Unidades	الوحدات

Libros
كتب

Autor	مؤلف
Aventura	مغامرة
Colección	مجموعة
Contexto	سياق الكلام
Dualidad	الازدواجية
Escrito	مكتوب
Historia	قصة
Histórico	تاريخي
Humorístico	روح الدعابة
Inventivo	مبدع
Lector	قارئ
Literario	أدبي
Narrador	الراوي
Novela	رواية
Página	صفحة
Pertinente	ذات الصلة
Poema	قصيدة
Poesía	شعر
Serie	سلسلة
Trágico	مأساوي

Literatura
الأدب

Analogía	القياس
Análisis	تحليل
Anécdota	حكاية
Autor	مؤلف
Comparación	مقارنة
Conclusión	استنتاج
Descripción	وصف
Diálogo	حوار
Estilo	نمط
Ficción	خيال
Metáfora	استعارة
Narrador	الراوي
Novela	رواية
Opinión	رأي
Poema	قصيدة
Poético	شاعري
Rima	قافية
Ritmo	إيقاع
Tema	موضوع
Tragedia	مأساة

Los Medios de Comunicación
وسائل الإعلام

Actitudes	المواقف
Comercial	تجاري
Comunicación	الاتصالات
Digital	رقمي
Edición	الإصدار
Educación	تعليم
En Línea	على الشبكة
Financiación	التمويل
Fotos	الصور
Hechos	حقائق
Industria	صناعة
Intelectual	الفكرية
Local	محلي
Opinión	رأي
Periódicos	الصحف
Público	عام
Radio	راديو
Red	شبكة الاتصال
Revistas	المجلات
Televisión	تلفزيون

Mamíferos
الثدييات

Ballena	حوت
Burro	حمار
Caballo	حصان
Camello	جمل
Canguro	كنغر
Cebra	حمار وحشي
Conejo	أرنب
Coyote	ذئب البراري
Delfín	دولفين
Elefante	الفيل
Gato	قط
Gorila	غوريلا
Jirafa	زرافة
Lobo	ذئب
Mono	قرد
Oso	يتحمل
Oveja	خروف
Perro	كلب
Toro	ثور
Zorro	فوكس

Matemáticas
الرياضيات

Aritmética	حساب
Ángulos	زوايا
Circunferencia	محيط
Cuadrado	مربع
Decimal	عشري
Diámetro	قطر
Ecuación	معادلة
Exponente	أس
Fracción	جزء
Geometría	هندسة
Grados	درجات
Números	الأرقام
Paralelo	مواز
Perpendicular	عمودي
Polígono	مضلع
Rectángulo	مستطيل
Simetría	تناظر
Suma	مجموع
Triángulo	مثلث
Volumen	الصوت

Mediciones
القياسات

Altura	ارتفاع
Ancho	عرض
Byte	بايت
Centímetro	سنتيمتر
Decimal	عشري
Grado	درجة
Gramo	غرام
Kilogramo	كيلوغرام
Kilómetro	كيلومتر
Litro	لتر
Longitud	الطول
Masa	كتلة
Metro	متر
Minuto	دقيقة
Onza	أوقية
Peso	وزن
Profundidad	عمق
Pulgada	بوصة
Tonelada	طن
Volumen	الصوت

Meditación
التأمل

Aceptación	قبول
Atención	انتباه
Bondad	اللطف
Calma	هدوء
Claridad	وضوح
Compasión	عطف
Emociones	العواطف
Gratitud	شكر
Mental	عقلي
Mente	عقل
Movimiento	حركة
Música	موسيقى
Naturaleza	طبيعة
Observación	المراقبة
Paz	سلام
Pensamientos	أفكار
Perspectiva	المنظور
Postura	الموقف
Respiración	التنفس
Silencio	الصمت

Mitología
الميثولوجيا

Celos	الغيرة
Cielo	السماء
Comportamiento	سلوك
Creación	خلق
Creencias	المعتقدات
Criatura	مخلوق
Cultura	ثقافة
Deidades	الآلهة
Desastre	كارثة
Fuerza	قوة
Guerrero	محارب
Héroe	بطل
Inmortalidad	خلود
Laberinto	متاهة
Leyenda	أسطورة
Monstruo	مسخ
Mortal	مميت
Rayo	برق
Trueno	رعد
Venganza	انتقام

Música
موسيقى

Armonía	انسجام
Armónico	متناسق
Álbum	ألبوم
Balada	أغنية
Cantante	المغني
Cantar	غنى
Clásico	كلاسيكي
Coro	جوقة
Grabación	تسجيل
Improvisar	تحسين
Instrumento	أداة
Melodía	لحن
Micrófono	ميكروفون
Musical	موسيقي
Ópera	أوبرا
Poético	شاعري
Ritmo	إيقاع
Rítmico	إيقاعي
Tempo	الإيقاع
Vocal	صوتي

Naturaleza
الطبيعة

Abejas	النحل
Animales	الحيوانات
Ártico	القطب الشمالي
Belleza	جمال
Bosque	غابة
Desierto	صحراء
Dinámico	متحرك
Erosión	تآكل
Follaje	أوراق الشجر
Glaciar	مثلجة
Niebla	ضباب
Nubes	سحاب
Pacífico	سلمي
Refugio	مأوى
Río	نهر
Salvaje	بري
Santuario	ملاذ
Sereno	هادئ
Tropical	استوائي
Vital	حيوي

Negocio
الأعمال

Carrera	مهنة
Costo	التكلفة
Descuento	خصم
Dinero	مال
Economía	الاقتصاد
Empleado	موظف
Empleador	صاحب العمل
Empresa	شركة
Fábrica	مصنع
Finanzas	المالية
Impuestos	الضرائب
Inversión	استثمار
Mercancía	بضائع
Moneda	عملة
Oficina	مكتب
Presupuesto	ميزانية
Tienda	متجر
Trabajo	وظيفة
Transacción	عملية تجارية
Venta	بيع

Nutrición
التغذية

Amargo	مر
Apetito	شهية
Calidad	جودة
Carbohidratos	الكربوهيدرات
Cereales	الحبوب
Comestible	صالح للأكل
Dieta	حمية
Digestión	هضم
Equilibrado	متوازن
Fermentación	تخمير
Hábitos	العادات
Nutriente	المغذي
Peso	وزن
Proteínas	البروتينات
Sabor	نكهة
Salsa	صلصة
Salud	الصحة
Saludable	صحي
Toxina	سم
Vitamina	فيتامين

Números
أرقام

Catorce	أربعة عشر
Cero	صفر
Cinco	خمسة
Cuatro	أربعة
Decimal	عشري
Diecinueve	تسعة عشر
Dieciocho	ثمانية عشر
Dieciséis	ستة عشر
Diecisiete	سبعة عشر
Diez	عشرة
Doce	اثنا عشر
Dos	اثنان
Nueve	تسعة
Ocho	ثمانية
Quince	خمسة عشر
Seis	ستة
Siete	سبعة
Trece	ثلاثة عشر
Tres	ثلاثة
Veinte	عشرون

Océano
محيط

Alga	الطحالب
Anguila	ثعبان
Atún	تونة
Ballena	حوت
Barco	قارب
Camarón	جمبري
Cangrejo	سلطعون
Coral	المرجان
Delfín	دولفين
Esponja	إسفنج
Mareas	المد والجزر
Medusa	قنديل البحر
Olas	أمواج
Ostra	محار
Pescado	سمك
Pulpo	أخطبوط
Sal	ملح
Tiburón	قرش
Tormenta	عاصفة
Tortuga	سلحفاة

Paisajes
المناظر الطبيعية

Cascada	شلال
Cueva	كهف
Desierto	صحراء
Estuario	مصب
Géiser	سخان
Glaciar	مثلجة
Iceberg	جبل جليد
Isla	جزيرة
Lago	بحيرة
Laguna	لاجون
Mar	بحر
Montaña	جبل
Oasis	واحة
Pantano	مستنقع
Península	شبه جزيرة
Playa	شاطئ
Río	نهر
Tundra	تندرا
Valle	وادي
Volcán	بركان

Países #1
البلدان #1

Alemania	ألمانيا
Argentina	الأرجنتين
Bélgica	بلجيكا
Brasil	البرازيل
Canadá	كندا
Ecuador	الإكوادور
Egipto	مصر
España	إسبانيا
Filipinas	الفلبين
Honduras	هندوراس
India	الهند
Italia	إيطاليا
Libia	ليبيا
Malí	مالي
Marruecos	المغرب
Nicaragua	نيكاراغوا
Noruega	النرويج
Panamá	بنما
Polonia	بولندا
Venezuela	فنزويلا

Países #2
البلدان #2

Albania	ألبانيا
Australia	أستراليا
Austria	النمسا
Dinamarca	الدنمارك
Etiopía	أثيوبيا
Francia	فرنسا
Grecia	اليونان
Indonesia	إندونيسيا
Irlanda	أيرلندا
Jamaica	جامايكا
Japón	اليابان
Laos	لاوس
México	المكسيك
Pakistán	باكستان
Portugal	البرتغال
Rusia	روسيا
Siria	سوريا
Sudán	السودان
Ucrania	أوكرانيا
Uganda	أوغندا

Pájaros
الطيور

Avestruz	نعامة
Águila	نسر
Cigüeña	اللقلق
Cisne	بجعة
Cuco	الوقواق
Cuervo	غراب
Flamenco	نحام
Ganso	إوز
Garza	نورس
Gaviota	نورس
Gorrión	عصفور
Halcón	كوه
Huevo	بيضة
Loro	ببغاء
Paloma	حمامة
Pato	بطة
Pelícano	البجع
Pingüino	البطريق
Pollo	دجاج
Tucán	طوقان

Plantas
النباتات

Arbusto	شوب
Árbol	شجرة
Bambú	وبماب
Baya	بيري
Bosque	غابة
Botánica	علم النبات
Cactus	صبار
Fertilizante	سماد
Flor	زهرة
Flora	النباتية
Follaje	أوراق الشجر
Frijol	فاصوليا
Hiedra	لبلاب
Hierba	عشب
Hoja	ورقة
Jardín	حديقة
Musgo	طحلب
Pétalo	البتلة
Raíz	جذر
Vegetación	نبت

Profesiones #1
المهن #1

Abogado	محامي
Astrónomo	فلكي
Atleta	رياضي
Bailarín	راقصة
Banquero	مصرفي
Bombero	رجال الاطفاء
Cartógrafo	رسام خرائط
Cazador	صياد
Científico	عالم
Doctor	طبيب
Editor	محرر
Embajador	سفير
Enfermera	ممرض
Entrenador	مدرب
Fontanero	سباك
Geólogo	جيولوجي
Joyero	صائغ
Pianista	عازف البيانو
Psicólogo	علم النفس
Veterinario	طبيب بيطري

Profesiones #2

المهن #2

Agricultor	مزارع
Astronauta	رائد فضاء
Bibliotecario	أمين المكتبة
Biólogo	أحيائي
Cirujano	جراح
Dentista	طبيب أسنان
Detective	محقق
Filósofo	فيلسوف
Ilustrador	المصور
Ingeniero	مهندس
Inventor	مخترع
Investigador	باحث
Jardinero	بستاني
Lingüista	لغوي
Médico	طبيب
Periodista	صحفي
Piloto	طيار
Pintor	دهان
Profesor	مدرس
Zoólogo	عالم الحيوان

Psicología

علم النفس

Cita	موعد
Clínico	مرضي
Cognición	معرفة
Comportamiento	سلوك
Conflicto	نزاع
Ego	الأنا
Emociones	العواطف
Evaluación	تقيم
Ideas	الأفكار
Inconsciente	فاقد الوعي
Infancia	مرحلة الطفولة
Influencias	تأثيرات
Pensamientos	أفكار
Percepción	الإدراك
Personalidad	شخصية
Problema	مشكلة
Realidad	واقع
Sensación	إحساس
Sueños	أحلام
Terapia	علاج

Química

كيمياء

Alcalino	قلوي
Ácido	حمض
Calor	حرارة
Carbono	كربون
Catalizador	محفز
Cloro	كلور
Electrón	إلكترون
Enzima	انزيم
Gas	غاز
Hidrógeno	هيدروجين
Ion	أيون
Líquido	سائل
Metales	المعادن
Molécula	مركب
Nuclear	نووي
Oxígeno	أكسجين
Peso	وزن
Reacción	رد فعل
Sal	ملح
Temperatura	درجة الحرارة

Restaurante #1

مطعم #1

Alergia	حساسية
Café	قهوة
Cajero	صراف
Camarera	نادلة
Carne	لحم
Cocina	مطبخ
Comer	لتناول الطعام
Comida	طعام
Cuchillo	سكين
Ingredientes	مكونات
Menú	قائمة
Pan	خبز
Picante	حار
Plato	طبق
Pollo	دجاج
Postre	حلوى
Reserva	حجز
Salsa	صلصة
Servilleta	منديل
Tazón	وعاء

Restaurante #2

مقر مطعم 2

Agua	ماء
Almuerzo	غداء
Bebida	مشروب
Camarero	النادل
Cena	عشاء
Cuchara	ملعقة
Delicioso	لذيذ
Ensalada	سلطة
Especias	توابل
Fideos	المعكرونة
Fruta	فاكهة
Hielo	جليد
Huevos	بيض
Pastel	كيك
Pescado	سمك
Sal	ملح
Silla	كرسي
Sopa	حساء
Tenedor	شوكة
Verduras	خضروات

Ropa

ملابس

Abrigo	معطف
Blusa	بلوزة
Bufanda	وشاح
Camisa	قميص
Chaqueta	السترة
Cinturón	حزام
Collar	قلادة
Delantal	مئزر
Falda	تنورة
Guantes	قفازات
Joyas	مجوهرات
Moda	موضة
Pantalones	سراويل
Pijama	ملابس نوم
Pulsera	سوار
Sandalias	صنادل
Sombrero	قبعة
Suéter	سترة
Vestido	فستان
Zapato	حذاء

Salud y Bienestar #1
الصحة والعافية #1

Activo	نشط
Altura	ارتفاع
Bacterias	بكتيريا
Clínica	عيادة
Doctor	طبيب
Farmacia	صيدلية
Fractura	كسر
Hambre	جوع
Hábito	عادة
Hormonas	الهرمونات
Huesos	عظام
Medicina	دواء
Músculos	عضلات
Piel	جلد
Postura	الموقف
Reflejo	منعكس
Relajación	استرخاء
Terapia	علاج
Tratamiento	العلاج
Virus	فيروس

Salud y Bienestar #2
الصحة والعافية #2

Alergia	حساسية
Anatomía	تشريح
Apetito	شهية
Deshidratación	تجفاف
Dieta	حمية
Digestión	هضم
Energía	طاقة
Enfermedad	مرض
Estrés	ضغط
Genética	علم الوراثة
Higiene	النظافة
Hospital	مستشفى
Infección	عدوى
Masaje	تدليك
Nutrición	تغذية
Peso	وزن
Recuperación	التعافي
Saludable	صحي
Sangre	دم
Vitamina	فيتامين

Selva Tropical
الغابات المطيرة

Anfibios	البرمائيات
Botánico	نباتي
Clima	مناخ
Comunidad	ملة
Diversidad	تنوع
Especie	الأنواع
Indígena	أصلي
Insectos	الحشرات
Mamíferos	الثدييات
Musgo	طحلب
Naturaleza	طبيعة
Nubes	سحاب
Pájaros	الطيور
Preservación	حفظ
Refugio	ملجأ
Respeto	احترام
Restauración	استعادة
Selva	الغابة
Supervivencia	نجاة
Valioso	ذو قيمة

Suministros de Arte
لوازم الفن

Aceite	نفط
Acrílico	أكريليك
Acuarelas	ألوان مائية
Agua	ماء
Arcilla	طين
Borrador	ممحاة
Caballete	الحامل
Cámara	كاميرا
Cepillos	فرش
Colores	الألوان
Creatividad	إبداع
Ideas	الأفكار
Lápices	أقلام الرصاص
Mesa	طاولة
Papel	ورق
Pasteles	الباستيل
Pegamento	صمغ
Pinturas	الدهانات
Silla	كرسي
Tinta	حبر

Tiempo
الوقت

Ahora	الآن
Antes	قبل
Anual	سنوي
Año	سنة
Ayer	أمس
Calendario	تقويم
Década	العقد
Día	يوم
Futuro	مستقبل
Hora	ساعة
Hoy	اليوم
Mañana	صباح
Mediodía	وقت الظهيرة
Mes	شهر
Minuto	دقيقة
Momento	لحظة
Noche	الليل
Semana	أسبوع
Siglo	قرن
Temprano	مبكرا

Tipos de Cabello
أنواع الشعر

Blanco	أبيض
Brillante	لامع
Calvo	أصلع
Corto	قصيرة
Delgada	رقيق
Gris	رمادي
Grueso	سميك
Largo	طويل
Marrón	بني
Negro	أسود
Ondulado	متموج
Plata	فضة
Rizado	مجعد
Rizos	تجعيد الشعر
Rubio	أشقر
Saludable	صحي
Seco	جاف
Suave	ناعم
Trenzado	مضفر
Trenzas	الضفائر

Universo
نوكلا

Asteroide	بكيوكلا
Astronomía	كلفلا ملع
Astrónomo	يكلف
Atmósfera	يوجلا فالغلا
Celestial	يوامس
Cielo	ءامس
Cósmico	ينوك
Ecuador	ءاوتسالا طخ
Horizonte	قفأ
Inclinación	ةلامإ
Latitud	ضرعلا طخ
Longitud	لوطلا طخ
Luna	رمق
Oscuridad	مالظ
Órbita	كلف
Solar	يسمش
Solsticio	بالقنالا
Telescopio	بارقم
Visible	يئرم
Zodíaco	جوربلا

Vacaciones #2
ةلطع #2

Aeropuerto	راطم
Carpa	ةميخ
Destino	ةهجو
Extranjero	يبنجأ
Fotos	روصلا
Hotel	قدنف
Isla	ةريزج
Mapa	ةطيرخ
Mar	رحب
Ocio	هيفرتلا
Pasaporte	رفس زاوج
Playa	ئطاش
Reservas	تاظفحتلا
Restaurante	معطم
Taxi	يسكات
Transporte	لقنلا
Tren	راطق
Vacaciones	ةلطع
Viaje	ةلحر
Visa	ةريشأت

Vehículos
تابكرملا

Ambulancia	فاعسإ ةرايس
Autobús	ةلفاح
Avión	ةرئاط
Balsa	فوط
Barco	براق
Bicicleta	ةجارد
Camión	ةنحاش
Caravana	ةلفاق
Coche	ةرايس
Cohete	خوراص
Ferry	ةرابعلا
Helicóptero	رتبوكيله
Lanzadera	كوكملا
Metro	ورتم
Motor	كرحم
Neumáticos	تاراطإلا
Submarino	ةصاوغ
Taxi	يسكات
Tractor	رارج
Tren	راطق

Verduras
تاورضخ

Ajo	موث
Alcachofa	فوشرخ
Apio	سفرك
Berenjena	ناذنجاب
Brócoli	يلوكورب
Calabaza	نيطقي
Cebolla	لصب
Ensalada	ةطلس
Espinacas	خنابس
Guisante	ءالزاب
Jengibre	ليبجنز
Nabo	تفل
Oliva	نوتيز
Patata	سطاطبلا
Pepino	رايخ
Perejil	سنودقب
Rábano	لجف
Seta	رطف
Tomate	مطامط
Zanahoria	رزج

Enhorabuena

Lo has conseguido!

Esperamos que hayas disfrutado de este libro tanto como nosotros al diseñarlo. Nos esforzamos por crear libros de la máxima calidad posible.
Esta edición está diseñada para proporcionar un aprendizaje inteligente, de calidad y divertido!

¿Te ha gustado este libro?

Una Petición Sencilla

Estos libros existen gracias a las reseñas que se publican.
¿Podrías ayudarnos dejando una reseña ahora?
Aquí tienes un breve enlace a la página de reseñas

BestBooksActivity.com/Opiniones50

¡DESAFÍO FINAL!

Reto n°1

¿Estás listo para tu juego gratis? Los utilizamos siempre, pero no son tan fáciles de encontrar. ¡Aquí están los **Sinónimos!**
Escribe 5 palabras que hayas encontrado en los rompecabezas (#21, #36, #76) y trata de encontrar 2 sinónimos para cada palabra.

Escriba 5 palabras del *Puzzle 21*

Palabras	Sinónimo 1	Sinónimo 2

Escriba 5 palabras del *Puzzle 36*

Palabras	Sinónimo 1	Sinónimo 2

Escriba 5 palabras del *Puzzle 76*

Palabras	Sinónimo 1	Sinónimo 2

Reto n°2

Ahora que te has calentado, escribe 5 palabras que hayas encontrado en los Puzzles 9, 17 y 25 e intenta encontrar 2 antónimos para cada palabra. ¿Cuántos puedes encontrar en 20 minutos?

Escriba 5 palabras del **Puzzle 9**

Palabras	Antónimo 1	Antónimo 2

Escriba 5 palabras del **Puzzle 17**

Palabras	Antónimo 1	Antónimo 2

Escriba 5 palabras del **Puzzle 25**

Palabras	Antónimo 1	Antónimo 2

Reto n°3

¡Genial! Este desafío final  no es nada para ti.

¿Preparado para el reto final? Elige 10 palabras que hayas descubierto en los diferentes rompecabezas y escríbelas a continuación.

1.	6.
2.	7.
3.	8.
4.	9.
5.	10.

Ahora escribe un texto pensando en una persona, un animal o un lugar que te guste.

Puedes usar la última página de este libro como borrador.

Tu Composición:

CUADERNO DE NOTAS :

HASTA PRONTO !

Todo el Equipo

DESCUBRA JUEGOS GRATIS

GO

↓

BESTACTIVITYBOOKS.COM/FREEGAMES

www.ingramcontent.com/pod-product-compliance
Lightning Source LLC
Chambersburg PA
CBHW082211120626
46553CB00010B/3102
* 9 7 9 8 8 9 6 7 0 1 8 7 3 *